UNIVERSITÉ DE BORDEAUX

FACULTÉ DES SCIENCES

CERTIFICATS D'ÉTUDES SUPÉRIEURES

RENSEIGNEMENTS DIVERS
ET
PROGRAMMES

BORDEAUX

IMPRIMERIE G. GOUNOUILHOU

11 — RUE GUIRAUDE — 11

1897

UNIVERSITÉ DE BORDEAUX

FACULTÉ DES SCIENCES

CERTIFICATS D'ÉTUDES SUPÉRIEURES

RENSEIGNEMENTS DIVERS

ET

PROGRAMMES

BORDEAUX

IMPRIMERIE G. GOUNOUILHOU

11 — RUE GUIRAUDE — 11

1897

RENSEIGNEMENTS GÉNÉRAUX
SUR
LA LICENCE ÈS SCIENCES
ET LES
CERTIFICATS D'ÉTUDES SUPÉRIEURES

DÉCRETS ET ARRÊTÉS

DÉCRET
sur la licence ès sciences.

Le Président de la République française,

Sur le rapport du Ministre de l'Instruction publique, des Beaux-Arts et des Cultes;

Vu le décret du 28 juillet 1885;

Vu la loi du 27 février 1880;

Le Conseil supérieur de l'Instruction publique entendu,

Décrète :

Article premier. Les Facultés des sciences délivrent des certificats d'études supérieures correspondant aux matières enseignées par elles.

Art. 2. La liste des matières pouvant donner lieu à la délivrance des certificats d'études supérieures est arrêtée pour chaque Faculté par le Ministre de l'Instruction publique, sur la proposition de l'assemblée de la Faculté, après avis de la section compétente du Comité consultatif de l'enseignement public.

Elle peut être modifiée dans les mêmes formes.

Elle est publiée au *Journal officiel* et au *Bulletin administratif du Ministère de l'Instruction publique*.

Art. 3. Le diplôme de licencié ès sciences est conféré à tout étudiant qui justifie de trois des certificats mentionnés à l'article 1er.

Art. 4. Mention est faite sur le diplôme des matières correspondant auxdits certificats.

Art. 5. Mention sera également faite sur le diplôme des autres certificats obtenus, soit devant la même Faculté, soit devant une autre Faculté.

Art. 6. Les certificats sont visés par le recteur; le diplôme de licencié est délivré par le Ministre selon les formes habituelles.

Art. 7. Nul ne peut prendre part aux examens à la suite desquels les certificats d'études supérieures sont délivrés s'il ne justifie de son inscription sur les registres d'une Faculté des sciences.

Art. 8. Nul n'est admis à prendre la première inscription s'il ne justifie d'un diplôme de bachelier.

Art. 9. Nul ne peut obtenir le diplôme de licencié ès sciences s'il ne justifie de quatre inscriptions trimestrielles.

Art. 10. Les examens pour chaque certificat comprennent trois épreuves :

Une épreuve écrite ;
Une épreuve pratique ;
Une épreuve orale.

Les deux premières épreuves sont éliminatoires.

Art. 11. Le jury se compose de trois membres au moins.

Art. 12. Communication est faite au jury des notes obtenues par les étudiants aux interrogations et aux travaux pratiques.

Il en est tenu compte dans les appréciations du jury.

Art. 13. L'admissibilité, l'admission, l'ajournement, sont prononcés après délibération du jury.

Art. 14. Les sessions d'examen ont lieu deux fois par an, en juillet et au début de l'année scolaire.

Toutefois, sur la proposition de la Faculté, le Ministre pourra autoriser une session extraordinaire en mars ou en avril pour certains certificats.

Art. 15. Nul candidat ajourné ne peut se présenter devant une autre Faculté à la même session, pour le même certificat.

Art. 16. Les notes *Très bien, Bien, Assez bien, Passable,* sont attribuées aux candidats admis.

Art. 17. Les dispositions du présent décret seront mises à exécution à dater de la session de juillet 1897.

Art. 18. Sont et demeurent abrogées les dispositions contraires à celles du présent décret.

Art. 19. Le Ministre de l'Instruction publique, des Beaux-Arts et des Cultes est chargé de l'exécution du présent décret, qui sera inséré au *Bulletin des lois* et publié au *Journal officiel*.

Fait à Paris, le 22 janvier 1896.

FÉLIX FAURE.

Par le Président de la République :
*Le Ministre de l'Instruction publique,
des Beaux-Arts et des Cultes,*
E. COMBES.

DÉCRET

relatif aux aspirants aux fonctions de l'enseignement secondaire public pour lesquelles est requis le grade de licencié ès sciences.

Le Président de la République française,

Sur le rapport du Ministre de l'Instruction publique, des Beaux-Arts et des Cultes,

Vu le décret en date du 22 janvier 1896, portant réorganisation de la licence ès sciences ;

Vu la loi du 27 février 1880 ;

Le Conseil supérieur de l'Instruction publique entendu,

Décrète :

Article premier. Les aspirants aux fonctions de l'enseignement secondaire public pour lesquelles le grade de licencié ès sciences est requis doivent justifier d'un diplôme portant un des groupes suivants de mentions :

I

Calcul différentiel et intégral ;
Mécanique rationnelle ;
Astronomie, ou une autre matière de l'ordre des sciences mathématiques.

II

Physique générale ;
Chimie générale ;
Minéralogie, ou une autre matière de l'ordre des sciences mathématiques, physiques ou naturelles.

III

Zoologie ([1]) ;
Botanique ;
Géologie.

ART. 2. Il sera tenu compte aux aspirants aux fonctions de professeur dans les collèges ou de chargé de cours dans les lycées des mentions complémentaires obtenues par eux, notamment des mentions de l'ordre des sciences physiques, s'ils justifient du diplôme portant le groupe de mentions n° I ; de l'ordre des sciences naturelles, s'ils justifient du diplôme portant le groupe de mentions n° II ; de l'ordre des sciences physiques, s'ils justifient du diplôme portant le groupe de mentions n° III.

ART. 3. Le Ministre de l'Instruction publique, des Beaux-Arts et des Cultes est chargé de l'exécution du présent décret.

Fait à Paris, le 22 janvier 1896.

FÉLIX FAURE.

Par le Président de la République :

*Le Ministre de l'Instruction publique,
des Beaux-Arts et des Cultes,*

E. COMBES.

([1]) Un décret du 16 janvier 1897 modifie ce décret : au lieu de *Zoologie*, il faut *Zoologie ou Physiologie générale.*

ARRÊTÉ DU 1ᴱᴿ JUILLET 1896

fixant la liste des matières pouvant donner lieu à la délivrance des certificats d'études supérieures, correspondant aux enseignements des Facultés des sciences.

. . . .

FACULTÉ DES SCIENCES DE BORDEAUX

1. Mathématiques préparatoires aux enseignements de mathématiques et de physique.
2. Calcul différentiel et intégral.
3. Mécanique rationnelle.
4. Astronomie.
5. Physique expérimentale.
6. Physique générale.
7. Physique et minéralogie (optique, cristallographie, minéralogie).
8. Chimie générale.
9. Chimie appliquée.
10. Zoologie.
11. Botanique.
12. Géologie.

. . . .

ARRÊTÉ DU 31 JUILLET 1896

relatif aux agrégations de l'enseignement secondaire pour l'ordre des sciences.

Le Ministre de l'Instruction publique, des Beaux-Arts et des Cultes,
Vu le statut du 29 juillet 1885 relatif aux concours d'agrégation de l'enseignement secondaire;
Vu les décrets du 22 janvier 1896;
Le Conseil supérieur de l'Instruction publique entendu,

Arrête :

Article premier. — L'article 3 du statut du 29 juillet est modifié ainsi qu'il suit :

Les candidats aux agrégations de l'enseignement secondaire pour l'ordre des sciences sont tenus de produire, en vue de l'inscription pour le concours, le diplôme de licencié ès sciences avec mention des certificats ci-après déterminés :

Agrégation des Sciences mathématiques.

1. Calcul différentiel et calcul intégral.
2. Mécanique rationnelle.
3. Un autre certificat de l'ordre des sciences mathématiques, au choix des candidats.
4. Physique générale.

Agrégation des Sciences physiques.

1. Physique générale.
2. Chimie générale.
3. Minéralogie ou un autre certificat de l'ordre des sciences mathématiques, physiques ou naturelles.
4. Mécanique rationnelle.

Agrégation des Sciences naturelles.

1. Zoologie ou physiologie générale.
2. Botanique.
3. Géologie.
4. Physique générale ou chimie générale.

Art. 2. — Les diplômes des licences ès sciences (ancien régime) sont considérés, en vue de l'inscription pour les concours d'agrégation de l'ordre des sciences, comme tenant lieu, pour les agrégations correspondantes, des trois premiers certificats et, pour les autres agrégations, du quatrième des certificats mentionnés à l'article 1er.

RAMBAUD.

RENSEIGNEMENTS DIVERS ET PROGRAMMES

DES COURS PRÉPARATOIRES
AUX CERTIFICATS D'ÉTUDES SUPÉRIEURES

QUE LA FACULTÉ DES SCIENCES DE BORDEAUX
EST AUTORISÉE A DÉLIVRER

I. Certificat de Mathématiques préparatoires aux enseignements de mathématiques et de physique.

COURS DE M. PICART
Calcul différentiel.

Quantités infiniment petites de divers ordres. — Terme principal d'un infiniment petit. — Théorèmes relatifs à la substitution des infiniment petits.

Dérivées des fonctions explicites d'une variable. — Différentielle. — Application à la variation des fonctions. — Dérivées et différentielles d'ordre supérieur.

Dérivées partielles d'une fonction explicite de plusieurs variables. — Le résultat est indépendant de l'ordre des dérivations. — Propriétés des dérivées partielles de même ordre d'une fonction homogène.

Déterminants fonctionnels.

Dérivées et différentielles des divers ordres d'un système de fonctions implicites d'une seule variable. — Formation des équations différentielles.

Différentielles totales des divers ordres. — Formation des équations aux dérivées partielles.

Changement de variable arbitraire. Changement des fonctions et des variables arbitraires. — Séries de Taylor et de Mac-Laurin. — Diverses formes du terme complémentaire. — Applications. Maxima et minima des fonctions d'une variable.

Séries de Taylor et de Mac-Laurin pour les fonctions de plusieurs variables indépendantes.

Maxima et minima de plusieurs variables.

Théorèmes sur les séries entières.

Calcul Intégral.

Intégrales définies; intégrales indéfinies. — Procédés d'intégration.

Intégration de différentielles rationnelles. Déterminations de l'intégrale $\int f(x,y)\,dx$, f étant fonction rationnelle des coordonnées x et y des points d'une courbe unicursale. Cas où la courbe est du second degré. — Différentielles binômes. — Calcul d'une intégrale définie au moyen des séries. — Évaluation approchée des intégrales définies. — Calcul des intégrales de la forme $\int f(\sin x, \cos x)\,dx$, f étant une fonction rationnelle de $\sin x$ et de $\cos x$.

Examen du cas où l'une des limites de l'intégrale devient infinie. — Cas où la fonction placée sous le signe $\int$ devient infinie.

Dérivées d'une intégrale définie par rapport à un paramètre qui entre dans la fonction placée sous le signe $\int$ et dans les limites de l'intégrale.

Séries trigonométriques.

Intégrales curvilignes. — Conditions pour que l'intégrale curviligne $\int_A^B P\,dx + Q\,dy$ ait la même valeur, quelle que soit la courbe qui joint les points A et B.

Intégrales doubles. — Changement de variables sous le signe $\iint$.

Intégrales de surface. — Conditions pour que l'intégrale $\iint A\,dy\,dz + B\,dz\,dx + C\,dx\,dy$ ne dépende que du contour qui limite la surface d'intégration.

Intégrales triples. — Théorème de Green. — Application.

Équation différentielle du premier ordre. — Intégrale générale. — Intégrales particulières. — Équation homogène. — Équation linéaire. — Facteur intégrant.

Équation différentielle d'ordre n. — Intégrale générale. — Intégrales particulières. — Étude de l'équation linéaire. — Intégration dans le cas des coefficients constants.

Exemples d'équations aux dérivées partielles du premier et du second ordre.

COURS DE M. GIRAUD
Applications à la géométrie et à la mécanique du calcul différentiel et intégral.

Infiniment petits.

Différentielles d'une aire plane, et d'un arc de courbe plane ou gauche. — Longueur d'une courbe en coordonnées curvilignes.

Courbes planes : tangentes, enveloppes, développées et développantes, courbure, contacts des différents ordres. — Courbes osculatrices, cercle osculateur. — Applications : longueur d'un arc de chaînette, développée d'une cycloïde, et d'une spirale logarithmique.

Mouvement d'un plan sur un plan, roulettes.

Courbes dans l'espace et surfaces : tangente et plan normal à une courbe, plan tangent et normale à une surface. — Surfaces enveloppes. — Enveloppes des courbes. — Plan osculateur, son enveloppe. — Variation du plan tangent à une surface réglée le long d'une génératrice. — Raccordement.

Courbure et torsion d'une courbe gauche. — Formules de Serret et Frenet. — Enveloppe du plan normal, droite polaire. — Étude des hélices cylindriques.

Mouvement d'un point sur une courbe, vitesse et accélération.

Contact des courbes dans l'espace, courbes osculatrices, cercle osculateur. — Développées et développantes dans l'espace.

Contact d'une courbe avec une surface; sphère osculatrice à une courbe.

Contact des surfaces.

Théorème général de la composition des mouvements ; application aux mouvements relatifs.

Déplacement d'une figure dans l'espace. — Axe instantané de rotation.

Expression des composantes de la rotation. — Théorème de Coriolis.

Courbure des surfaces, indicatrice, sections principales et rayons de courbure principaux. — Lignes de courbure. — Lignes asymptotiques.

Détermination des aires, des surfaces courbes et des volumes. — Centres de gravité. — Moments d'inertie. — Ellipsoïde d'inertie.

II. Certificat de Calcul différentiel et intégral.

Les candidats qui se préparent aux certificats du calcul différentiel et intégral et de mécanique ont tout intérêt à prendre d'abord le certificat de mathématiques préparatoires aux enseignements de mathématiques et de physique; ils doivent posséder les connaissances exigées pour ce certificat.

Le cours préparatoire au certificat de calcul différentiel et intégral est disposé en sorte que le programme se trouve distribué sur deux années consécutives. Les principes fondamentaux et les théories nécessaires sont d'ailleurs reprises chaque année, de façon à ce que les élèves nouveaux puissent suivre les leçons avec fruit.

De plus, le professeur traite, chaque année, d'une façon plus détaillée telle ou telle autre partie du cours.

Ces développements portaient en général sur les matières inscrites au programme d'agrégation des sciences mathématiques.

M. Hadamard ayant bien voulu se charger, en 1896-97 de cette portion du cours, M. Brunel fera, à partir du mois de février, une suite de leçons consacrées à l'*Étude de la fonction* $\Gamma(z)$ *et de quelques autres fonctions définies par des intégrales définies*.

En 1897-98, M. Brunel se propose, pendant une partie de l'année, de choisir comme sujet de leçon pour le samedi l'exposé de l'*Analysis Situs*.

COURS DE M. BRUNEL

Quantités complexes. — Variable imaginaire.
Fonctions d'une variable imaginaire.
Séries. — Convergence. — Séries entières. — Cercle de convergence. — Produits infinis.
Fonctions univoques. — Singularités polaires. — Singularités essentielles.
Intégrales curvilignes. — Intégration des fonctions univoques.
Évaluation des intégrales définies.
Théorème de Taylor. — Théorème de Laurent.
Fonctions univoques ne présentant pas de singularité essentielle.
Fonctions univoques et holomorphes présentant une seule singularité essentielle à l'infini. — Facteurs primaires.
Fonctions univoques présentant un nombre fini de singularités essentielles.
Fonctions univoques présentant un nombre illimité de singularités essentielles. — Fonctions à lignes de singularités et à espaces lacunaires.
Fonctions plurivoques. — Fonctions algébriques. — Points de ramification. — Étude d'une fonction dans le voisinage d'un de ses points. — Cycles.

Intégration des fonctions plurivoques. — Périodes.
Fonctions simplement périodiques. — Fonctions doublement périodiques. — Fonctions pour lesquelles existe un théorème d'addition.
Surfaces de Riemann. — Fonctions abéliennes. — Théorème d'Abel.
Problème de Dirichlet.
Fonctions fuchsiennes.
Équations différentielles.
Équations différentielles linéaires et homogènes. — Existence des intégrales. — Systèmes fondamentaux. — Groupe.
Systèmes d'équations différentielles linéaires et homogènes.
Équations aux dérivées partielles. — Existence des intégrales.
Équations aux dérivées partielles du premier ordre. — Équations linéaires. — Systèmes complets. — Méthode de Lagrange et de Charpit. — Méthode de Cauchy. Caractéristiques. — Méthode de Jacobi. — Méthode de Lie.
Équations aux dérivées partielles du second ordre.

III. Certificat de Mécanique rationnelle.

Les candidats au certificat de mécanique rationnelle sont tenus de posséder les matières faisant partie du programme du certificat de mathématiques préparatoires aux enseignements de mathématiques et de physique.

COURS DE M. HADAMARD

Introduction. — Théorie des segments. — Moment d'un segment par rapport à un point, à un axe. — Somme géométrique. — Couples. — Réduction d'un système de segments.

Mouvement d'un point matériel. — Hypothèses fondamentales. — Équations différentielles du mouvement.

Théorème des forces vives.

Théorème des aires. — Théorie des forces centrales. — Mouvement des planètes. — Attraction universelle. — Potentiel. — Équations de Laplace et de Poisson. — Attraction d'une sphère homogène.

Mouvement d'un point sur une courbe ou sur une surface. — Pendule. — Tautochrone. — Brachistochrone. — Lignes géodésiques.

Mouvements relatifs. — Application aux mouvements à la surface terrestre.

Mécanique des systèmes. — Principe des vitesses virtuelles. — Principe de d'Alembert.

Théorèmes du mouvement du centre de gravité, des moments des quantités de mouvement, des forces vives.
Équations de Lagrange. — Équations canoniques. — Principes de la moindre action et de Hamilton.
Stabilité de l'équilibre. — Petites oscillations.
Conditions d'équilibre d'un corps solide.
Mouvement d'un corps solide autour d'un axe fixe. — Pendule composé. — Mouvement d'un corps solide autour d'un point fixe.
Équilibre et mouvement des fils. — Cordes vibrantes.
Hydrostatique. — Pressions d'un fluide. — Principe d'Archimède.
Hydrodynamique. — Équations fondamentales. — Tourbillons.
Notions sur les petits mouvements des fluides.
Mouvement d'un corps solide dans un fluide.

IV. Certificat d'Astronomie.

COURS DE M. RAYET

PREMIÈRE ANNÉE

Trigonométrie sphérique.
Mouvement diurne de la sphère céleste.
Figure et dimensions de la terre.
Longitudes. — Latitudes géocentriques.
Parallaxe en ascension droite et déclinaison. — Parallaxe diurne.
Parallaxe de la lune et des petites planètes.
Éclipses de lune et de soleil. — Calcul des phases.

DEUXIÈME ANNÉE

Coordonnées équatoriales des étoiles.
Instruments méridiens. — Réfraction.
Mouvement du soleil. — Précession. — Nutation.
Mouvement de la lune.
Mouvement des planètes. — Passages de Vénus ou de Mercure.
Satellites de Jupiter. — Vitesse de la lumière. — Aberration. — Calcul des orbites des comètes et des petites planètes.

Pour 1896-1897 (vendredi 2 h. 1/2).

Trigonométrie sphérique. — Mouvement diurne. — Figure et dimensions de la terre. — Parallaxes. — Éclipses de lune et de soleil.

V. Certificat de Physique expérimentale.

Les enseignements préparatoires au certificat de physique expérimentale sont :

1º Le cours de physique du certificat d'études physiques, chimiques et naturelles.
2º Deux cours complémentaires :

L'un de thermodynamique et d'électricité ;
L'autre d'acoustique et d'optique physique.

3º Le cours d'électricité industrielle (facultatif).
4º Les exercices pratiques de physique expérimentale.
5º Les exercices pratiques faits au laboratoire d'électricité industrielle.

Tous ces cours sont annuels, sauf celui d'électricité industrielle qui traite chaque année un point spécial de cette science :

En 1896-97 : Électricité et lumière.
En 1897-98 : Électricité et force.
En 1898-99 : Électricité et matière.

Ces cours ne peuvent être suivis avec fruit par les étudiants qui ne posséderaient pas à fond ce qui est enseigné dans les classes de mathématiques élémentaires. On engage de plus ceux qui s'y destinent à avoir des notions de géométrie analytique et de calcul différentiel ; quelques compléments à ces notions pourront être donnés dans des conférences à la suite des exercices pratiques.

PROGRAMME DU COURS DE PHYSIQUE EXPÉRIMENTALE

Propriétés générales des corps ; hypothèses sur leur structure. — Méthodes suivies en physique. — Objet de la physique.

Notions de mécanique.

Cinématique. — Mouvement d'un point matériel.
Mouvement rectiligne uniforme. — Vitesse d'un mouvement varié rectiligne.
Mouvement uniformément varié. — Accélération d'un mouvement varié rectiligne.

Composition des mouvements. — Mouvement curviligne; vitesse et accélération. — Composition des déplacements, des vitesses et des accélérations.

Dynamique. — Principe de l'inertie. — Force. — Sa mesure au dynamomètre. — Principe de l'action et de la réaction. — Principes de Galilée. — Masse.

Mesure des forces par les masses et les accélérations. — Composition des forces. — Centre de forces parallèles, couples. — Équilibre d'un solide libre et d'un solide mobile autour d'un axe. — Leviers. — Force centripète. — Travail d'une force. — Travail élémentaire d'une force variable. — Cas des forces centrales. — Travail d'une résultante.

Théorème des forces vives. — Énoncé général. — Égalité entre la variation d'énergie totale d'un système et le travail des forces extérieures. — Impulsion et quantité de mouvement. — Moments d'inertie.

Étude des lois de la chute des corps. — Plan incliné, machine d'Atwood; appareil du général Morin.

Mesure des grandeurs fondamentales.

1. Unités des mesures géométriques et mécaniques; Système C. G. S. — Dimensions.
2. Des erreurs.
    Erreurs systématiques et accidentelles.
    Calcul des erreurs accidentelles.
    Erreur moyenne, erreur probable, erreur du moyen carré.
    Calcul d'un résultat non donné directement par l'observation.
    Détermination des coefficients d'une relation inconnue.
    Emploi de la règle à calcul.
3. Mesure des longueurs et des angles.
    Vernier. — Machine à diviser. — Sphéromètre. — Cathétomètre.
    Appareils pour la mesure des angles par la réflexion d'un faisceau lumineux.
4. Mesure des masses.
    Balance. — Théorie et construction.
    Installation, vérification et réglage de la sensibilité.
    Vérification des boîtes de poids.
5. Mesure du temps.
    Pendule, horloge et métronome. — Chronomètre.
    Diapasons. — Appareils enregistreurs.
    Méthode stroboscopique.

Hydrostatique.

Principe de Pascal. — Pression hydrostatique. — Principe d'Archimède. — Vases communiquants. — Densités. — Aréométrie.
Capillarité. — Tension superficielle. — Pression capillaire. — Vérifications des lois et mesures des tensions superficielles.
Pneumatique. — Baromètres et manomètres. — Corrections barométriques.
  Loi de Mariotte. — Ses écarts. — Mesure des hauteurs par le baromètre. — Travail de compression d'un gaz.
  Mélange des gaz, dissolution des gaz; diffusion; osmose.
  Montage des machines pneumatiques : des machines de compression, des trompes.
Hydrodynamique. — Règle de Torricelli; lois de Poiseuille; vérifications expérimentales.
  Vase de Mariotte. — Siphon.
Compressibilité des liquides. — Coefficients de compressibilité.

Élasticité des solides.

Compression, traction, flexion, torsion.
Lois et coefficients. — Mesure des coefficients de traction; comparaison des coefficients de torsion par la méthode des oscillations.
Limites d'élasticité.
Lois expérimentales du frottement. — Choc des corps.

Chaleur.

I. Phénomènes généraux; lois approximatives; premières définitions.

Dilatation des corps par la chaleur. — Température. — Thermomètre.
  — Relation entre le volume, la pression et la température d'une masse gazeuse. — Définition de la densité des gaz.
Poids du litre d'air. — Dilatation de l'eau. — Dilatation des solides.
Fusion et solidification. — Surfusion. — Dissolution, sursaturation. — Cryoscopie.
Vaporisation. — Vapeurs saturantes et non saturées.
Évaporation dans les gaz. — Ébullition. — Caléfaction.
Liquéfaction des gaz. — Point critique.
Hygrométrie.
Calorimétrie. — Chaleurs spécifiques des solides et des liquides. — Chaleurs de fusion et de vaporisation. — Chaleurs de combustion. — Notions sur la machine à vapeur.

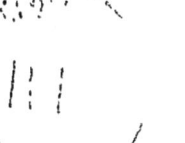

II. Principes de la thermodynamique.

Équivalence de la chaleur et du travail. — Énergie intérieure. — Déterminations expérimentales de l'équivalent mécanique.
Nouvelle unité de chaleur; thermie.
Transformations isothermes et transformations adiabatiques.
Cycle.
Principes de Carnot. — Température absolue. — Entropie.
Usage que l'on peut faire de ces principes pour l'étude de tous les phénomènes calorifiques.
Nécessité de mesurer avec exactitude la température, la pression, le volume spécifique des corps et les quantités de chaleur.

III. Mesures de précision.

1. Thermométrie de précision.
    Thermomètres à gaz. — Comparabilité des thermomètres à gaz. — Basses et hautes températures. — Comparaison des thermomètres à gaz et des thermomètres à mercure.
    Thermomètres à mercure de précision.
2. Mesure des densités des gaz, du poids du litre d'air, et des densités des vapeurs.
    Transformations élémentaires des gaz et coefficients thermiques.
3. Calorimétrie de précision. — Chaleur spécifique vraie.
    Méthode des mélanges. — Corrections calorimétriques.
    Examen critique des diverses méthodes calorimétriques des deux chaleurs spécifiques des gaz. — Autres coefficients calorimétriques.
    Résultats pour les solides et les liquides. — Chaleur spécifique de l'eau. — Influences qui font varier la chaleur spécifique.
    Lois de Dulong et Petit, de Neumann, de Woestyne.
    Chaleurs spécifiques des gaz. — Mesure de $\frac{C}{c}$. — Mesures de C.
    Application de la loi de Dulong et Petit aux gaz.
    Mesure des chaleurs de combustion.

IV. Application des deux principes fondamentaux et des mesures aux divers phénomènes thermiques.

1. Ce qu'on entend par gaz parfait.
2. Distinction entre les gaz réels et les gaz parfaits.
    Inexactitude des lois de Mariotte, de Gay-Lussac, de Joule.
    Expériences de Joule et Thomson.
3. Étude des gaz réels et des vapeurs surchauffées.

— 19 —

Variations de leurs densités. — Détente adiabatique. — Vitesse du son dans ces fluides.

4. Liquides. — Compression adiabatique. — Vitesse du son.
5. Solides. — Traction adiabatique des solides; métaux, caoutchouc.
6. Fusion. — Influence de la pression sur la température de fusion. — Mesure de la chaleur de fusion. — Calorimètre de Bunsen. — Variation de la chaleur de fusion avec la température. — Cryoscopie.
7. Vaporisation. — Formule de Clapeyron.

Mesures de $\dfrac{dp}{dt}$ par Regnault, par M. Cailletet, par M. Amagat.

Mesures des volumes spécifiques des vapeurs saturées et des gaz liquéfiés, par Fairbairn et Tate, Pérot, Cailletet et Mathias.

Chaleurs spécifiques des vapeurs saturées; détente adiabatique et à titre constant.

Travail de dilatation d'une vapeur saturée dans des conditions définies.

V. Machines thermiques.

Des trois facteurs du rendement industriel d'une machine thermique. — Rendement du foyer, rendement des mécanismes, rendement thermique. — Des diverses machines thermiques.

1. Étude descriptive et thermique de la machine à vapeur.

   Étude du diagramme. — Examen des causes de pertes de travail.
   Des enveloppes de vapeur; du condenseur.
   Examen comparatif des divers types de machines.

2. Moteurs à air chaud.
3. Moteurs à gaz tonnant ou moteurs à gaz et à pétrole.

   Étude descriptive de quelques systèmes de distribution et d'allumage. — Classification.
   Calcul des rendements et causes d'abaissement.
   Essai pratique de ces moteurs.

Magnétisme.

Phénomènes généraux. — Lois de Coulomb. — Masses magnétiques.
Champ d'un aimant. — Lignes de force; flux de force.
Aimant solénoïdal et feuillet magnétique.
Influence magnétique. — Coefficients d'aimantation.
Étude du champ magnétique terrestre.

Électrostatique.

Électrisation par frottement. — Conducteurs. — Isolants.

Électroscope. — Force électrique. — Lignes de force.
La force électrique est nulle dans un conducteur en équilibre; la charge est à la surface.
Loi des actions électriques. — Unité d'électricité; mesure des charges électriques.
Distribution de l'électricité; influence électrique.
Potentiel électrique. — Capacité électrique. — Flux de force.
Condensateurs; leur capacité. — Comparaison des capacités. — Batteries en surface et en cascade.
Décharges des batteries. — Expériences de Riess.
Électromètres.
Machines électriques diverses; étude comparative.

Électricité dynamique.

I. Phénomènes; lois fondamentales; définitions.

Définition d'un élément de pile; différence de potentiel entre les pôles; force électromotrice. — Expériences de Galvani et de Volta. — Lois de Volta.
Courant électrique. — Expérience d'Œrstedt, galvanomètre. — Loi de Laplace.
Électrolyse. — Lois de Faraday. — Intensité d'un courant; sa mesure électrochimique.
Résistance. — Loi de Ohm dans un fil homogène; cas d'un circuit fermé. — Principes de Kirchhoff.
Chaleur produite par les courants; loi de Joule.
Unités pratiques de force électromotrice, d'intensité et de résistance.
Notions expérimentales sur l'action des courants sur les courants et les aimants. — Solénoïdes.
Comparaison des champs magnétique, électromagnétique et électrodynamique.
Système électromagnétique d'unités.
Aimantation par les courants. — Coefficients de perméabilité. — Hysteresis.
Induction par les courants et les aimants. — Loi de Lenz. — Extra-courants. — Courants induits de divers ordres. — Courants de Foucault.

II. Méthodes et appareils de mesure.

Étalons de mesure.
   Boîtes de résistances. — Rhéostats. — Étalons de force électromotrice. — Étalon de capacité.

Mesure des intensités.
1. Mesures électrochimiques.
2. Mesures électromagnétiques.
   Galvanomètres à aimant mobile. — Boussole des tangentes. — Galvanomètres de Thomson, de Wiedemann.
   Galvanomètre à aimant fixe de Déprez-d'Arsonval.
   Constante d'un galvanomètre. — Shunt.
   Ampèremètres industriels. — Étalonnage.
   Galvanomètre balistique.
3. Mesures électrodynamiques.
   Électrodynamomètres de Weber, de Pellat.
4. Méthode indirecte par une différence de potentiel et une résistance.

Mesure des potentiels.
1. Méthodes électrostatiques.
   Électromètre à cadran de Mascart.
   Électromètre capillaire de Lipmann.
2. Méthodes électromagnétiques.
   Comparaison avec un étalon par la méthode des grandes résistances et à intensité fixe.
   Mesure absolue par une résistance et une intensité.
   Étalonnage des voltmètres industriels.

Mesure des résistances.
Méthode du pont de Wheatstone.
Méthode de Thomson pour un galvanomètre.
Méthode de Mance pour une pile.

Mesure des capacités.
Méthode de de Sauty.
Méthode du galvanomètre balistique.

Mesure des puissances électriques.
Wattmètres.
Mesures d'un flux, d'un champ, d'une perméabilité magnétiques.

III. Étude des sources d'électricité.

1. *Les piles voltaïques.* — Polarisation des piles ; remède.
   Types divers de piles : type sans dépolarisant, type Daniell, type Bunsen, type Poggendorff, type Leclanché.
   Divers modes d'association des couples.
   Rendement électrique. — Rendement industriel.
   Force électromotrice et chaleur chimique.

2. *Les accumulateurs.* — Accumulateur Planté; accumulateurs à formation hétérogène. — Types divers.
Fonctionnement et rendement des accumulateurs.

3. *Piles thermoélectriques.* — Lois de Becquerel et de Gaugain.
Pouvoirs thermoélectriques.
Rendement des piles thermoélectriques.
Usages. — Pyromètres.

4. *Les machines d'induction.*
Machines à courants continus.
Étude descriptive des diverses formes de l'induit. — Classification des inducteurs, d'après leur excitation, d'après leur forme.
Étude expérimentale.
Rendement.
Étude du circuit magnétique et du circuit électrique.
Caractéristiques dans les diverses excitations.
Calcul d'un projet de machines.
Machines à courants alternatifs.
Lois des courants alternatifs; généralités sur les alternateurs. — Types d'alternateurs divers.
Courants polyphasés. — Champs tournants.

IV. Application de l'électricité.

Effets calorifiques.
Chauffage électrique. — Fours électriques.
Pertes d'énergie dans les distributions électriques; distributions en série, en dérivation, à plusieurs fils, par feeder.

Effets lumineux.
Lampes à arc. — Propriétés optiques et électriques de l'arc. — Perturbations de l'arc corrigées par elles-mêmes. — Classification des régulateurs, en tension, en dérivation, différentiels.
Lampes à incandescence. — Principes. — Construction des lampes. — Rendement. — Vitalité.

Effets mécaniques.
Moteurs à courants continus, de diverses excitations.
Transmission électrique de l'énergie mécanique.
Lois du transport électrique de la force.
Traction électrique.

Effets chimiques.
Lois théoriques des décompositions électrochimiques. — Transport des ions.

Dépôts métalliques pour galvanoplastie.
Raffinage électrolytique. — Électrométallurgie.
Fabrication électrolytique des produits chimiques.

Emploi pour les signaux.
Télégraphie, téléphonie.

Acoustique.

Mouvement pendulaire. — Représentation graphique. — Phase.
Détermination expérimentale de l'amplitude et de la période. — Diapason.
Composition de deux mouvements parallèles de même période.
Composition de deux mouvements parallèles de périodes peu différentes.
Composition de deux mouvements rectangulaires de même période.
— Composition de deux mouvements rectangulaires de périodes différentes. — Expériences de Lissajoux.
Propagation du mouvement vibratoire. — Longueurs d'onde.
Réflexion du mouvement ondulatoire. — Principe des interférences.
— Expérience de Savart.
Ondes stationnaires.
Production du son. — Propagation. — Vitesse dans les divers milieux.
— Réflexion du son. — Echo. — Intensité du son. — Hauteur. —
Méthodes diverses de mesure.
Intervalles musicaux, gammes harmoniques. — Phénomène des battements.
Tuyaux sonores. — Lois générales. — Application à la détermination de la vitesse du son dans les gaz et les vapeurs.
Cordes vibrantes. — Lois expérimentales.
Sonomètre. — Expériences de Melde.
Verges vibrantes. — Vibrations longitudinales. — Vibrations transversales.
Timbre des sons. — Phonographe.

Optique géométrique.

Propagation de la lumière. — Vitesse. — Lois de la réflexion.
Miroirs plans. — Miroirs sphériques concaves. — Miroirs sphériques convexes.
Réfraction. — Indices. — Prisme. — Lentilles sphériques. — Convergence. — Dioptrie.
Dispersion. — Spectroscope, spectre des diverses sources lumineuses et chimiques. — Raies du spectre. — Graduation d'un spectroscope en longueurs d'onde.
Analyse spectrale.

Chaleur rayonnante. — Émission, réflexion, réfraction, diffusion, absorption. — Caractères complémentaires des radiations transmises et absorbées.
Identité des radiations calorifiques et lumineuses.
Transformation des radiations. — Phosphorescence.
Achromatisme.
Photométrie. — Photomètres d'intensité et d'éclairement. — Degré d'incandescence.
Spectrophotomètres.
Instruments d'optique : chambre noire, microscope solaire.
Chambre claire. — Loupe. — Microscope, lunette astronomique, lunette de Galilée, télescopes : champ, clarté, grossissement.
Photographie.

Optique physique.

Vitesse de la lumière. — Méthodes astronomiques. — Méthodes physiques. — Rejet de la théorie de l'émission. — Théorie des ondulations, énoncé du principe d'Huyghens.
Application de ce principe à la construction des ondes réfléchies et réfractées dans les milieux isotropes.
Interférences lumineuses.
Miroirs de Fresnel. — Biprisme. — Lentilles de Billet. — Mesures des longueurs d'onde.
Interférences à grande différence de marche.
Spectre cannelé. — Méthode de Fizeau.
Colorations des lames minces. — Anneaux de Newton.
Loi des diamètres.
Application à la mesure des longueurs d'onde et des dilatations. — Appareils de Desains.
Réfractomètres interférentiels. — Mesures des indices : solides, liquides, gaz.
Diffraction en lumière parallèle. — Réseaux.
Applications à la mesure des longueurs d'onde.
Double réfraction. — Étude expérimentale du spath d'Islande. — Uniaxes.
Polarisation. — Polarisation par réflexion, par réfraction, par double réfraction.
Polariseurs, analyseurs, lunette de Rochon.
Polarisation chromatique en lumière parallèle.
Principe des appareils à lumière convergente.
Microscope polarisant.

Distinction expérimentale des diverses sortes de lumière polarisée.
Lumière polarisée rectilignement, lumière partiellement polarisée, lumière circulaire, lumière elliptique.
Étude expérimentale d'une vibration elliptique. — Cas particuliers.
Polarisation rotatoire. — Saccharimètres.
Appareil de Soleil. — Appareil à pénombre.
Applications.

EXERCICES PRATIQUES DU CERTIFICAT DE PHYSIQUE EXPÉRIMENTALE

Première série (au laboratoire de physique expérimentale).

1. Détermination d'une masse. — Machine d'Atwood. — Balance.
2. Densités. — Diverses méthodes.
3. Coefficient d'élasticité. — Réglage du cathétomètre.
4. Observation du baromètre. — Mesure d'une hauteur.
5. Thermomètre. — Détermination du 0 et du point 100.
6. Chaleur spécifique d'un solide.
7. Chaleur de fusion de la glace.
8. Chaleur latente d'une vapeur (appareils Déprez et Berthelot).
9. Densité d'une vapeur (appareils Dumas et Hofmann).
10. Détermination de l'état hygrométrique. — Hygromètres Alluard, Crova. — Psychromètre.
11. Mesure de résistances par le pont de Wheatstone, à corde et à boîtes.
12. Résistance d'une pile (méthode de Mance).
13. Résistance d'un galvanomètre (méthode de Thomson).
14. Mesure des capacités par les méthodes balistique et de Sauty.
15. Mesure des intensités par le voltamètre et l'électrodynamomètre de Pellat.
16. Potentiels par l'électromètre Carpentier.
17. Vérification des lois de Joule et des lois de Riess.
18. Direction et intensité du champ terrestre (Gauss).
19. Comparaison des périodes de deux diapasons (méthode graphique).
20. Mesure des indices par le goniomètre.
21. Focomètres.
22. Spectroscope. — Graduation en longueurs d'ondes.
23. Microscope et lunettes. — Grossissements.
24. Réseaux. — Mesure des longueurs d'onde ou inversement de l'élément du réseau.
25. Anneaux de Newton. — Loi des diamètres. — Appareils de Desains.
26. Réfractomètre interférentiel de Jamin.
27. Analyse d'une vibration elliptique.
28. Saccharimétrie. — Appareils Soleil et Laurent.

Deuxième série (au laboratoire d'électricité industrielle).

1. Étalonnage de voltmètres et ampèremètres industriels.
2. Photométrie. — Mesure d'intensités et d'éclairements.
3. Spectrophotométrie.
4. Étude des régulateurs à arcs.
5. Étalonnage des lampes à incandescence.
6 et 7. Caractéristiques externes des dynamos en série et dérivation.
8. Étude des moteurs électriques.
9. Couplage des dynamos et des moteurs.
10. Rendement d'un moteur électrique (méthode Swinburne).
11. Mesure de l'isolement d'un réseau.
12. Emploi du pyromètre de Le Chatelier.

VI. Certificat de Physique générale.

VII. Certificat de Physique et Minéralogie
(Optique, Minéralogie, Cristallographie).

I

Les enseignements préparatoires au *certificat de physique générale* sont :

Le *cours de physique générale (optique exceptée)* ;
Le *cours d'optique* ;
Les *exercices pratiques de physique générale*.

Les enseignements préparatoires au *certificat de physique et minéralogie* sont :

Le *cours d'optique* ;
Le *cours de minéralogie* ;
Les *exercices pratiques de physique générale (partie optique)* ;
Les *exercices pratiques de minéralogie*.

II

Le *cours de physique générale (optique exceptée)* est biennal ; le cours de première année sera proféssé, pour la première fois, en l'année scolaire 1897-1898, et le cours de seconde année en l'année scolaire 1896-1897.

Le *cours d'optique* est biennal; le cours de première année sera professé, pour la première fois, en l'année scolaire 1896-1897, et le cours de seconde année en l'année scolaire 1897-1898.

Le *cours de minéralogie* est annuel.

III

La composition écrite, pour le *certificat de physique générale*, portera exclusivement, à la session du mois de juillet, sur les matières enseignées dans les cours de l'année scolaire courante; et, à la session du mois de novembre, sur les matières enseignées dans les cours de l'année scolaire précédente.

L'épreuve pratique et l'épreuve orale porteront sur l'ensemble du programme.

Les mêmes dispositions s'appliquent à la *partie optique* du *certificat de physique et minéralogie;* toutes les épreuves de *cristallographie et minéralogie* porteront sur l'ensemble du programme.

IV

Les matières qui figurent au programme de physique des classes de mathématiques élémentaires et de mathématiques spéciales ne sont pas, en général, reprises dans les cours de physique générale et d'optique professés à la Faculté; mais, aux épreuves pratiques et aux épreuves orales des certificats de physique générale et de physique et minéralogie, MM. les Examinateurs se réservent le droit de s'assurer que les candidats possèdent, de ces matières, une connaissance exacte.

V

Les candidats au *certificat de physique générale* qui seraient déjà pourvus du *certificat de physique et de minéralogie*, ou qui se présenteraient dans la même session à ce dernier certificat, pourront, sur leur demande, être exempts de tout examen d'optique aux diverses épreuves du certificat de physique générale. Cette demande devra être formulée par écrit et déposée au Secrétariat de la Faculté des Sciences en même temps que la demande d'inscription pour le certificat de physique générale.

VI

Les enseignements qui préparent aux deux certificats de *physique générale* et de *physique et minéralogie* ne peuvent être suivis avec fruit par un étudiant qui ne posséderait pas à fond la géométrie analytique à deux et à trois dimensions et les éléments du calcul différentiel et intégral ; quelques notions de mécanique rationnelle sont également nécessaires. Aussi les étudiants qui désirent suivre ces enseignements auront-ils intérêt, en général, à prendre, au préalable, le *certificat préparatoire aux études mathématiques et physiques,* ou, tout au moins, à suivre pendant un an les cours qui préparent à ce certificat.

Les candidats aux certificats de *physique générale* et de *physique et minéralogie* qui ne posséderaient pas les connaissances mathématiques indispensables à l'intelligence des théories essentielles de la physique, seraient fort imprudents de compter sur une indulgence à laquelle l'existence d'un *certificat de physique expérimentale* ôte toute raison d'être.

VII

Aux termes de l'arrêté du 31 juillet 1896, les candidats à l'agrégation des sciences physiques doivent être pourvus des certificats suivants :

1º Le certificat de *mécanique rationnelle;*
2º Le certificat de *chimie générale;*
3º Le certificat de *physique générale;*
4º Le certificat de *physique et minéralogie* ou *tout autre certificat de l'ordre des sciences.*

Il serait illogique, et déplorable pour les études ultérieures de ces candidats, qu'ils ne prissent pas le certificat de *mécanique rationnelle* avant de se préparer aux certificats de *physique générale* et de *physique et minéralogie.*

VIII

Les candidats à l'agrégation des sciences physiques ne sont point rigoureusement tenus, au terme de cet arrêté, de prendre le certificat de *physique et minéralogie,* qui peut être remplacé par tout autre certificat de l'ordre des sciences.

Mais, s'ils ne veulent compromettre gravement leurs chances de succès au concours d'agrégation, ils auront grand intérêt à prendre le certificat de *physique et minéralogie,* ou, tout au moins, à suivre, en leur entier, les enseignements qui y préparent.

IX

Indépendamment des cours et conférences dont l'enseignement prépare aux certificats de licence et à l'agrégation des sciences physiques, il est professé chaque année, à la Faculté des sciences de Bordeaux, un cours hebdomadaire de *physique théorique;* ce cours traite, d'une manière approfondie, un point spécial de la science; la question traitée durant l'année scolaire 1896-1897 est la suivante :

Applications de la thermodynamique aux dissolutions et mélanges.

La question traitée durant l'année scolaire 1897-1898 sera la suivante :

Théorie des déformations permanentes (Déformations élastiques. Modifications allotropiques. Trempe du verre et des métaux. Hysteresis magnétique).

PROGRAMME DU COURS DE PHYSIQUE GÉNÉRALE
(OPTIQUE EXCEPTÉE)

COURS DE PREMIÈRE ANNÉE

I

Applications de la mécanique à la physique.

Théorie des mouvements infiniment petits d'un corps quelconque.
  Translation élémentaire. — Rotation élémentaire. — Dilatations et glissements.
  Dilatations principales. — Ellipsoïde des dilatations. — Dilatation des cristaux.

Rappel des théorèmes généraux de la mécanique.
  Définitions fondamentales. — Travail. — Fonction potentielle. — Surfaces de niveau. — Potentiel. — Principe des vitesses virtuelles. — Principe de d'Alembert. — Loi des forces vives. — Stabilité de l'équilibre.

Hydrostatique.
  Équilibre d'un fluide soumis à une force quelconque. — Théorèmes généraux de l'hydrostatique.
  Équilibre d'un corps pesant flottant sur un liquide homogène pesant.

Capillarité.
  Actions moléculaires. — Théorie de Gauss. — Équation de la surface capillaire. — Expression de l'angle de raccordement. — Pression capillaire.
  Volume liquide soulevé par un tube cylindrique.
  Goutte liquide posée sur un plan.
  Vérification des lois de la capillarité. — Détermination expérimentale de la tension superficielle et de l'angle de raccordement.
  Modification du principe d'Archimède par les actions capillaires.
  Liquides soustraits à l'action de la pesanteur; expériences de Plateau.
  Lames liquides; lois de Lamarle.

Hydrodynamique.
  Équations d'Euler. — Équations de Lagrange. — Relation supplémentaire.
  Potentiel des vitesses. — Théorème de Lagrange.
  Équations des petits mouvements d'un fluide.
  Vitesse de propagation d'un mouvement infiniment petit quelconque dans un fluide (méthode de Hugoniot).
  Vitesse du son dans un gaz. — Formule de Newton. — Correction de Laplace. — Détermination expérimentale de la vitesse du son.
  Vitesse du son dans l liquides.
  Ondes planes. — Tuyaux sonores dans l'hypothèse des tranches. — Énoncé des principaux résultats de la théorie de Helmholtz.
  Ondes sphériques. — Interférence des sons émis par deux sources à l'unisson.

Fils flexibles.
  Conditions d'équilibre d'un fil flexible.
  Mouvements infiniment petits d'un fil flexible. — Vibrations longitudinales. — Vibrations transversales. — Leurs vitesses de propagation. — Loi de Young.

Élasticité des corps solides.
  Équilibre du parallélipipède élémentaire; du tétraèdre élémentaire. — Ellipsoïde des pressions.
  Potentiel des actions élastiques.
  Corps isotropes; coefficients λ et μ de Lamé.
  Traction et compression d'un corps isotrope; détermination expérimentale des coefficients λ et μ.
  Compressibilité des liquides.
  Équations des petits mouvements des corps isotropes. — Petits mouvements sans rotation. — Petits mouvements sans dilatation. — Vitesses de propagation de ces deux sortes de mouvements.

Acoustique.
   Propriétés des mouvements vibratoires en général. — Résonance. — Battements.
   Notions sur l'anatomie de l'oreille. — Limaçon.
   Organe de Corti.
   Timbre.
   Sons résultants; théorie de Helmholtz. — Caractère musical des sons simultanés.
   Voyelles de la voix humaine.

II

Thermodynamique

Principe de l'équivalence de la chaleur et du travail.
   Énergie interne. — Mesure de l'équivalent mécanique de la chaleur.
   Coefficients fondamentaux. — Théorème de Reech. — Expérience de Desormes et Clément. — Vitesse du son dans les gaz.

Principe de Carnot.
   Modifications réversibles. — Cycle de Carnot. — Théorème de Carnot. — Température absolue.
   Égalité de Clausius. — Entropie.
   Modifications non réversibles. — Inégalité de Clausius. — Transformation non compensée. — Potentiel thermodynamique.
   Fonctions caractéristiques.
   Gaz parfaits.
   Déplacement de l'équilibre par les variations de pression.
   Déplacement de l'équilibre par les variations de température. — Applications à la mécanique chimique. — Notions sur les faux équilibres.

Vaporisation et phénomènes analogues.
   Tension de vapeur saturée. — Formule de Clapeyron-Clausius. — Détermination du volume spécifique de vapeur saturée.
   Fusion. — Influence de la pression sur le point de fusion. — Dissociation. — Modifications allotropiques.
   Tensions de vapeur saturée d'un corps sous deux états différents. — Triple point.

Continuité de l'état liquide et de l'état gazeux.
   Point critique. — Détermination des éléments critiques d'un fluide.
   Isotherme théorique; ses relations avec l'isotherme pratique; théorème de Maxwell et de Clausius.

Diverses formes de l'équation caractéristique des fluides. — Étude des gaz réels. — États correspondants.

Chaleurs spécifiques des fluides saturés. — Points d'inversion. — Détente adiabatique des vapeurs saturées.

COURS DE DEUXIÈME ANNÉE

I

Électricité théorique.

Préliminaires.
Fonction potentielle en général. — Surfaces de niveau. — Lignes de force. — Potentiel.
Notions sur les intégrales curvilignes et les intégrales de surface. — Théorème de Green.
Notions sur la conductibilité de la chaleur.

Électrostatique.

Lois de Coulomb.
Fonction potentielle électrostatique.
Théorème de Gauss. — Propriétés du champ électrostatique. — Équation de Laplace.

Distribution électrique à la surface des corps conducteurs.
Théorie de Poisson. — L'électricité réside à la surface des corps conducteurs. — Discontinuité de la force électrique en cette surface. — Cas simples de distribution : sphère, ellipsoïde. — Vérifications expérimentales.
Influence électrique. — Théorèmes de Faraday. — Condensation électrique. — Capacité d'un condensateur. — Théorèmes de Gaugain.

Applications de la thermodynamique à l'électrostatique.
Décharge des batteries. — Expériences de Riess.

Électrocinétique.

Des courants en général.
Courants. — Courants uniformes. — Loi de Ohm. — Théorèmes de G. Kirchhoff.
Conducteurs à deux et à trois dimensions.

Relations de la thermodynamique et de l'électrocinétique.
Loi de Joule.
Différence de niveau potentiel au contact de deux métaux.

Effet Peltier. — Effet Thomson.
Courants thermoélectriques.

Électrolytes.
Lois de Faraday. — Transport des ions.
Résistance des électrolytes. — Loi de Bouty; hypothèse de S. Arrhenius.
Applications de la thermodynamique à la pile. — Chaleur chimique. — Chaleur voltaïque. — Lois de Gibbs et de Helmholtz.
Phénomènes électrocapillaires.

Magnétisme.

Actions magnétiques.
Définitions fondamentales. — Lois des actions magnétiques.
Détermination, en valeur absolue, des éléments du magnétisme terrestre et du moment magnétique d'un barreau. — Expériences de Gauss.
Étude expérimentale de la distribution du magnétisme sur un aimant.

Aimantation par influence.
Caractère de la fonction potentielle magnétique à l'intérieur d'un aimant. — La force magnétique n'existe pas à l'intérieur d'un aimant.
Aimantation par influence. — Cas d'un coefficient d'aimantation constant. — Aimantation d'une sphère dans un champ uniforme. — Mesure du coefficient d'aimantation.
Fonction magnétisante.
Diamagnétisme.
Hysteresis magnétique.

Corps diélectriques.

Polarisation des diélectriques. — Pouvoir inducteur spécifique. — Propriétés d'un condensateur à lame diélectrique. — Actions mutuelles de deux corps électrisés plongés dans un diélectrique. — Mesure des pouvoirs inducteurs spécifiques. — Influence du temps; expériences de Gaugain.

Électrodynamique et électromagnétisme.

Électrodynamique.
Formule d'Ampère. — Démonstration d'Ampère. — Démonstration de M. J. Bertrand. — Indétermination de la loi d'action mutuelle de deux éléments de courant. — Formule de Grassmann. — Théorème de Gauss.

Actions mutuelles de deux courants fermés. — Potentiel de ces actions. — Ces actions sont analogues aux actions mutuelles de deux feuillets magnétiques. — Expériences de Weber.
Action d'un courant fermé sur un solénoïde. — Actions mutuelles de deux solénoïdes.
Actions d'un courant fermé sur un élément de courant. — Directrice d'Ampère. — Actions d'un pôle de solénoïde sur un élément de courant.

Électromagnétisme.
Expérience de Biot et Savart. — Actions d'un courant fermé sur un pôle d'aimant. — Loi de Laplace et de Biot. — Loi d'Ampère. — Équivalence de ces deux lois.
Potentiel d'un courant fermé sur un pôle d'aimant. — Les actions qu'un courant fermé exerce sur un aimant sont analogues aux actions qu'exerce un feuillet magnétique. — Actions mutuelles des aimants et des solénoïdes. — Action d'un aimant sur un élément de courant.
Rotations électromagnétiques.

Induction.
Induction électrodynamique. — Lois de Faraday. — Loi de Lenz. — Théorie de Neumann.
Induction d'un courant sur lui-même. — Extra-courant.
Coefficients d'induction mutuelle et d'induction propre.
Étude des phénomènes d'induction au moyen des lignes de force.
Induction électromagnétique.
Notions purement expérimentales sur l'induction dans les masses métalliques. — Amortissement des galvanomètres. — Magnétisme de rotation. — Expériences de Foucault et de M. Violle.

Aimantation par les courants.
Lois fondamentales. — Applications à la mesure des coefficients d'aimantation.

Applications de la thermodynamique à l'électrodynamique.
Indications succinctes. — Application au transport électrodynamique de l'énergie; rendement.

Notions sur l'électrodynamique des corps diélectriques.
Courants de déplacement. — Propagation d'une perturbation électromagnétique dans un diélectrique. — Principales expériences de Hertz et de M. Blondlot.

II
Unités et mesures électriques.

Préliminaires.
Mesures des grandeurs. — Dimensions.
Mesures des grandeurs géométriques et mécaniques. — Système de la Convention nationale. — Système C. G. S.
Rappel des principales formules de l'électricité théorique. — Coefficients fondamentaux. — Divers systèmes d'unités. — Système électrostatique. — Système électromagnétique. — Passage d'un système d'unités à l'autre.

Mesures électrostatiques.

Électrométrie.
Mesure des charges électriques.
Mesure absolue des différences de potentiel. — Électromètre absolu de W. Thomson.
Comparaison des différences de potentiel. — Électromètre à cadrans. — Électromètre capillaire.

Mesures magnétiques.

Mesure du champ terrestre. — Mesure, en valeur absolue, du moment magnétique d'un barreau.

Mesures électrodynamiques.

Comparaison des résistances.
Méthodes diverses pour comparer les résistances des conducteurs.
Résistance d'un électrolyte.

Mesure des intensités.
Voltamètre. — Électrodynamomètre de Weber. — Boussole des tangentes. — Galvanomètres divers. — Amortissement des galvanomètres.

Comparaison des forces électromotrices.
Méthodes diverses.
Principaux étalons de force électromotrice.

Mesure des décharges instantanées.
Galvanomètre balistique.

Comparaison des capacités.

Comparaison des coefficients d'induction.

Mesure des résistances en valeur absolue.
  Détermination de l'ohm. — Méthode de Joule. — Méthode de Weber-Lorenz. — Méthode de l'Association britannique.

Détermination du coefficient de passage du système électrostatique d'unités au système électromagnétique.

COURS D'OPTIQUE

COURS DE PREMIÈRE ANNÉE

Optique des milieux isotropes.

Vitesse de la lumière.
  Méthode de Römer. — Méthode de Bradley. — Méthode de Fizeau.

Principe de Huyghens.
  Exposé général du principe. — Construction de Huyghens à la surface de contact de deux milieux isotropes; d'un milieu isotrope et d'un milieu uniaxe.
  Vitesse de la lumière dans différents milieux. — Expérience de Foucault.

Interférences.
  Premières hypothèses de la théorie vibratoire de la lumière. — Interférences. — Règle de Fresnel.
  Expérience des deux miroirs. — Biprisme. — Demi-lentilles de Billet.
  Interférences à grande différence de marche. — Emploi de la lumière monochromatique. — Emploi du spectroscope. — Spectres cannelés.

Polarisation de la lumière.
  Plan de polarisation. — Étude expérimentale des analyseurs et des polariseurs.
  Constitution de la lumière polarisée. — Direction de la vibration. — Expérience de Fresnel et Arago.
  Théorie de Fresnel. — Théorie de Mac Cullagh et de Neumann. — Expérience d'Otto Wiener.
  Polarisation elliptique.
  Constitution de la lumière naturelle.

Théorie de la réflexion et de la réfraction de la lumière à la surface de contact de deux milieux isotropes.
  Réflexion partielle. — Réflexion totale. — Formules de Fresnel.
  Couleurs des lames minces isotropes. — Anneaux de Newton.
  Achromatisme des franges d'interférence.

Anneaux à grande différence de marche. — Expériences de Fizeau. — Application à la mesure des longueurs.

Franges des lames épaisses. — Miroirs de Jamin.

Diffraction des ondes planes.
Diffraction par une ou plusieurs fentes rectangulaires.
Réseaux. — Mesure des longueurs d'onde.
Diffraction par une ouverture circulaire. — Pouvoir séparateur d'une lunette.

COURS DE DEUXIÈME ANNÉE

Optique des milieux cristallisés.

(Les questions marquées d'un * sont exigées pour le certificat de *physique et minéralogie*, mais non pour le certificat de *physique générale*.)

Rappel du principe de Huyghens. — Étude géométrique de la double réfraction uniaxiale.

Rappel des principes de la théorie vibratoire de la lumière. — Interférences. — Polarisation.

Polarisation par double réfraction uniaxiale.

Double réfraction biaxiale.
Transformation, pour les cristaux uniaxes, de la construction de Huyghens. — Ellipsoïde de Fresnel.
Extension aux cristaux non uniaxes. — Surface de l'onde. — Diverses surfaces employées dans l'étude de la double réfraction.
Lois relatives aux ondes et aux rayons réfractés.
Lois relatives aux plans de polarisation et aux vibrations.
Axes optiques directs. — Axes optiques inverses.
Réfractions coniques.
Dispersion des axes optiques dans les divers systèmes cristallins.

Lames cristallines en lumière parallèle.
Couleur d'une lame cristalline entre deux nicols. — Mica quart d'onde. — Compensateur de Babinet.
Production et analyse d'une lumière elliptique. — Méthode de Sénarmont. — Méthode de Jamin. — Application à l'étude de la réflexion de la lumière sur les métaux.

Lames cristallines en lumière convergente.
Cristal uniaxe taillé perpendiculairement à l'axe. — Lignes isochromatiques. — Lignes neutres.
*Cristal uniaxe taillé parallèlement à l'axe.

*Lame biaxe parallèle au plan des axes optiques. — Lame biaxe perpendiculaire à un axe optique. — Lame biaxe perpendiculaire à la ligne moyenne.
* Étude expérimentale de la dispersion des axes optiques.
* Angle des axes optiques.
* Signe d'un cristal uniaxe et d'un cristal biaxe.
Surface isochromatique d'un cristal uniaxe ou biaxe.

Polarisation rotatoire.
Étude du quartz. — Plaque à deux rotations.
Théorie de Fresnel. — Double réfraction circulaire.
Rotation du plan de polarisation par les liquides et les gaz. — Saccharimétrie.
Relations entre l'hémiédrie plagièdre et le pouvoir rotatoire.
*Lame de quartz perpendiculaire à l'axe en lumière convergente. — Spirales d'Airy.

Polarisation rotatoire magnétique.
Constante de Verdet. — Application de la polarisation rotatoire magnétique à l'étude d'un champ magnétique.

COURS DE MINÉRALOGIE

I

Cristallographie géométrique.

1° Étude de la matière cristallisée.

Définition de la matière cristallisée, principe d'homogénéité.
Réseaux. — Définition des réseaux.
Propriétés géométriques des réseaux. — Nœuds, rangées, paramètres, plans réticulaires ; rangées et plans conjugués.
Propriétés analytiques des réseaux. — Représentation d'un nœud, d'une rangée, d'un plan réticulaire ; caractéristiques. — Relations entre les caractéristiques des rangées et plans conjugués. — Loi des intersections rationnelles. — Constance des mailles plane et solide. — Zones ; axes de zones.
Propriétés de symétrie des réseaux. — Symétrie des polyèdres, restrictions et additions concernant les réseaux.
Classification des réseaux. — Systèmes cristallins.
Assemblages réticulaires. — Symétrie des assemblages, variétés de symétrie diminuée qu'ils peuvent présenter.

2º Étude des cristaux.

Cristaux et formes cristallines. — Formes holoèdres, formes mérièdres; différents genres de mériédrie. — Formes composées.

Représentation des cristaux. — Projection orthogonale. — Projections stéréographique et gnomonique.

Mesure des angles des cristaux. — Goniomètres.

Calculs cristallographiques. — Indications sommaires destinées à faire comprendre ce que l'on entend par forme primitive, formes dérivées, constantes cristallographiques.

Notation universelle de Miller.

Notation française de Lévy. — Son application aux différents systèmes cristallins.

II

Cristallographie physique.

1º Propriétés optiques des cristaux.

Corps isotropes et anisotropes.

Ellipsoïde des indices. — Cristaux uniaxes et biaxes. — Signe optique des cristaux. — Relations entre l'ellipsoïde optique et les éléments de symétrie des cristaux. — Dispersion des axes.

Microscopes polarisants et leurs applications. — Observation d'une lame cristalline.

Absorption de la lumière par les cristaux. — Pléochroïsme.

Polarisation rotatoire. — Ses relations avec l'hémiédrie.

Application des moyens optiques à la détermination du système cristallin des corps observés.

2º Propriétés mécaniques des cristaux.

Cohésion.

Clivages. — Renseignements qu'ils donnent sur la forme de la maille du réseau.

Dureté.

Figures de choc et de corrosion.

3º Propriétés thermiques, électriques et magnétiques des cristaux.

Conductibilité calorifique et électrique dans les cristaux.

Piézo et pyro-électricité. — Leurs relations avec l'hémiédrie.

3° Cristallogénie.

Groupements moléculaires. — Isomorphisme.
Groupements réticulaires. — Mailles. — Cristaux à formes limites. — Dimorphisme.
Particularités de structure des cristaux. — Cristallisation.

III

Minéralogie.

Classification des minéraux.
Description des minéraux. — Minéraux les plus essentiels des roches; — principaux minerais des corps simples.
Gisements minéraux et groupements des minéraux dans leurs gisements.
Associations minérales. — Types de structures de ces associations.
Synthèse des minéraux.

EXERCICES PRATIQUES DE PHYSIQUE GÉNÉRALE

Densité d'un solide ou d'un liquide (méthode du flacon, méthode de la balance hydrostatique).
Densité d'une vapeur (méthode de Dumas).
Observation du baromètre.
Détermination des points fixes d'un thermomètre à mercure.
Chaleur spécifique d'un corps solide (méthode des mélanges).
Chaleur de fusion de la glace.
Expérience de Clément et Desormes.
Détermination de l'état hygrométrique par l'hygromètre d'Alluard.
Comparaison de deux résistances (méthode du pont de Wheatstone).
Résistance d'un galvanomètre (méthode de W. Thomson).
Résistance intérieure d'une pile (méthode de Mance).
Mesure d'une force électromotrice par l'électromètre à cadran.
Comparaison de deux forces électromotrices (méthode de Poggendorff).
Mesure d'une décharge instantanée.
Comparaison des capacités (méthode du galvanomètre balistique, méthode de Sauty).
Observation de la boussole d'inclinaison.
Détermination du moment magnétique d'un barreau de la composante horizontale du champ terrestre.
Phénomènes d'induction par le champ terrestre (cadre de Weber).
Indice de réfraction d'un corps solide par le goniomètre de Babinet.

Grossissement d'une lunette per le dynamètre de Ramsden.
Graduation d'un spectroscope.
Réglage des deux miroirs de Fresnel.
Lois des anneaux de Newton en lumière monochromatique.
Anneaux à grande différence de marche de Fizeau.
Spectres cannelés.
Miroirs de Jamin.
Détermination d'une longueur d'onde par un réseau.
Analyse d'une lumière elliptique (méthode de Jamin).
Usage de l'appareil de Norremberg, de la pince à tourmalines et du microscope polarisant.
Saccharimètre Soleil. — Saccharimètre Laurent.
Graduation d'un polarimètre d'Arago.

EXERCICES PRATIQUES DE CRISTALLOGRAPHIE ET MINÉRALOGIE

Mesure des angles des cristaux. — Goniomètre simple de Wollaston. — Goniomètre de Wollaston à centrage mécanique et à collimateur (type Mallard).

Détermination du système d'un cristal par la mesure de ses angles.

Préparation d'une lame minérale à faces parallèles épaisse ou mince pour l'observation microscopique.

Emploi des microscopes polarisants usités en minéralogie et en pétrographie.

    1º En lumière parallèle (réfringence moyenne; inclusions, structure polychroïsme, biréfringence, extinctions, signe de l'allongement d'une section, etc.).

    2º En lumière convergente (axes optiques, signe optique, écartement des axes, dispersion des axes).

Mesure des biréfringences au moyen du comparateur Michel-Lévy et du réfractomètre Bertrand ou du dispositif de G. Friedel.

Courbes de conductibilité thermique.
Piézo-électricité dans les cristaux.
Thermo-électricité dans les cristaux.
Figures de décollement, de choc et de corrosion.
Notions de microchimie.

Plusieurs séances seront consacrées à l'étude des minéraux dans les collections de la Faculté.

VIII. Certificat de Chimie générale.

1° COURS DE M. AUGER

Chimie minérale.

Phénomènes chimiques. — Combinaison, décomposition, dissociation. — Éléments. — Symboles.
États physiques. — Solidification, fusion, gazéification. — Solution, cristallisation. — Isomorphisme. — Principales lois physiques des gaz.
Lois des combinaisons chimiques. — Équivalents.
Loi de Dulong et Petit, hypothèse d'Avogadro et d'Ampère. — Développement de la notion d'atome chimique et de molécule.
Principes de thermochimie.
Hydrogène.
Fluor. — Chlore. — Brome. — Iode.
Acides fluorhydrique, chlorhydrique, bromhydrique, iodhydrique.
Oxygène. — Ozone. — Soufre. — Sélénium. — Tellure.
Eau. — Hydrogène sulfuré, sélénié, telluré.
Eau oxygénée. — Bisulfure d'hydrogène.
Composés oxygénés du soufre, du sélénium, du tellure.
Azote, air, argon. — Hélium. — Phosphore. — Arsenic. — Antimoine. — Bismuth.
Acide azothydrique. — Hydrazine. — Ammoniaque.
Hydrogène phosphoré, arsénié, antimonié.
Oxydes de l'azote, du phosphore, de l'arsenic, de l'antimoine et du bismuth.
Sulfures et sulfosels des éléments du groupe de l'azote.
Carbone. — Silicium (Titane, Zirconium, Césium).
Généralités sur le méthane et ses dérivés halogénés. — Acétylène.
Comparaison des dérivés hydrogénés du silicium avec ceux du carbone.
Oxyde de carbone, acide carbonique. — Acides siliciques, titaniques.
Lithium. — Sodium. — Potassium (Rubidium, Césium).
Cuivre. — Argent. — Or. — Métallurgie, principaux sels.
(Glucinium). — Calcium. — Strontium. — Baryum. Principales combinaisons.
Magnésium, zinc et cadmium. — Oxydes et sels de ces métaux. — Mercure, principales combinaisons.
Bore. — Acide borique. — Sels.
Aluminium (Scandium, Yttrium, Lanthane).
(Gallium, Indium, Thallium).

(Germanium). — Étain. — Plomb.
Chrome. — Molybdène. — Tungstène. — Uranium. — Comparaison de leurs acides avec les acides du groupe de l'oxygène.
Manganèse. — Oxydes et acides. — Comparaison avec les acides suroxygénés du chlore.
Fer, fonte et aciers. — Composés au maximum et au minimum.
Cobalt. — Nickel.
Ruthenium. — Rhodium. — Palladium.
Osmium. — Iridium. — Platine.
Classification naturelle des éléments. — Périodicité des propriétés physiques et de la valence.
Tableaux généraux, pour chaque groupe naturel, des variations graduelles de propriétés physiques et chimiques des éléments et de leurs composés principaux.
Épreuves pratiques. — Trente manipulations portant sur les principaux produits étudiés. Analyse qualitative d'un mélange de plusieurs composés, et quelques analyses quantitatives par liqueurs titrées.

2º COURS DE M. GAYON

Chimie organique.

I. Généralités.

Objet de la chimie organique.
Analyse immédiate. — Caractères de l'espèce chimique.
Analyse élémentaire. — Établissement des formules et détermination des poids moléculaires.
Formules de constitution. — Radicaux.
Classification des composés organiques. — Types; fonctions chimiques. — Séries homologues. — Isomérie; polymérie.
Méthodes générales de condensation, d'oxydation, de réduction, de chloruration, de sulfonation, de nitration, de saponification.

II. Série grasse.

Carbures saturés; carbures non saturés.
Carbures forméniques. — Généralités : formène; hydrure d'éthylène; pétroles d'Amérique.
Dérivés chlorés, bromés, iodés, etc. — Chloroforme, iodoforme; perchlorure de carbone; sesquichlorure de carbone.
Carbures éthyléniques. — Généralités: éthylène; amylène. — Chlorure et bromure d'éthylène; chlorure d'éthylidène.

Alcools saturés. — Alcool méthylique; alcool éthylique. — Isomérie dans les alcools : alcools propyliques, butyliques, amyliques. — Alcool éthalique.

Aldéhydes et acétones. — Aldéhyde méthylique; aldéhyde éthylique; acétone.

Dérivés des aldéhydes. — Chloral ; aldol; acétal.

Acides gras. — Acide formique et formiates; acide acétique et acétates; acides chloracétiques; acide propionique. — Isomérie dans les acides : acides butyriques; acides valérianiques. — Acides gras proprement dits.

Chlorures acides. — Chlorure d'acétyle.

Anhydrides. — Anhydride acétique.

Composés organo-métalliques. — Zinc-éthyle. — Cacodyle.

Éthers. — Généralités : éthers simples et composés; éthers mixtes.

Éthers de l'alcool méthylique. — Chlorure de méthyle.

Éthers de l'alcool éthylique. — Chlorure, bromure et iodure d'éthyle; éthers sulfurés; mercaptan; éthers sulfuriques; acide sulfovinique; éther nitreux; nitréthane; éther nitrique; éthers cyaniques; éther acétique; éthers oxaliques.

Éther méthylique; éther ordinaire; théorie de l'éthérification.

Constitution chimique des cires.

Amines. — Généralités : méthylamines; éthylamines; méthodes de séparation.

Bases ammoniées. — Phosphines. — Arsines.

Amides. — Acétamide; acide oxamique; oxamide.

Alcalamides. — Éthylacétamide.

Nitriles; acétonitrile. — Carbylamines. — Imides.

Série cyanique. — Cyanogène; acide cyanhydrique; cyanures; ferrocyanures. — Acide sulfocyanique. — Acide cyanique. — Urée; urées composées; uréides.

Carbures acétyléniques : acétylène; allylène; allène. — Dérivés non saturés : alcool allylique; iodure d'allyle; essence d'ail; essence de moutarde; oxyde d'allyle; acroléine; alcool allylique; allylamine.

Glycols. — Généralités : glycol éthylique; glyoxal; aldéhyde glycolique. — Éthers du glycol : chlorhydrines; synthèse de la taurine. — Oxyde d'éthylène.

Amines des glycols. — Oxyéthylamine; éthylène-diamine. — Composés quaternaires; synthèses de la névrine et de la muscarine.

Acides dérivés des glycols. — Acide glycolique; glycocolle. — Acide oxalique et oxalates. — Acide lactique et lactates; alanine. — Acide malonique. — Acide acétonique. — Acide succinique; acide aspartique; asparagine. — Acide pyrotartrique. — Acide leucique; leucine.

Glycérine. — Aldéhyde glycérique; acide glycérique.
Éthers de la glycérine. — Chlorhydrines; épichlorhydrines; glycide. — Corps gras; leur constitution; stéarine, margarine, oléine. — Extraction des acides gras. — Fabrication des bougies et des savons. — Nitroglycérine; dynamite.
Acide malique et malates. — Acide maléique; acide fumarique.
Acide tartrique et tartrates; émétiques. — Isomérie; recherches de Pasteur.
Acide citrique et citrates. — Synthèses de l'acide citrique.
Érythrite; acide orsellique; orcine; tournesol.
Arabinose; xylose.
Mannite; dulcite; sorbite.
Pinite; perséite.
Saccharoses. — Sucre de canne; maltose; lactose.
Glucoses : dextrose; lévulose; galactose. — Glucosides.
Polysaccharides. — Dextrine; gommes; glycogène; amidon; inuline. — Cellulose; coton-poudre. — Fabrication du papier. — Injection des bois.
Stéréochimie. — Recherches de Fischer. — Synthèses des sucres.

III. Série aromatique.

Généralités: comparaison avec la série grasse; passage de la série grasse à la série aromatique. — Goudron de houille.
Carbures aromatiques. — Constitution; isoméries. — Benzine; nitrobenzine. — Toluène; xylène; cumène; cymène.
Dérivés chlorés de la benzine et de ses homologues; hexachlorure de benzine. — Isomérie des dérivés par substitution.
Phénols monoatomiques. — Acide phénique; chlorophénols; nitrophénols; acide picrique et picrates; acide rosolique. — Crésols.
Phénols diatomiques. — Pyrocatéchine; résorcine; hydroquinone. — Quinone. — Orcine; orcéine; lutorcine; homopyrocatéchine.
Phénols triatomiques. — Pyrogallol; phloroglucine.
Phénols tétratomiques.
Phénols pentatomiques. — Quercite; quercitane.
Phénols hexatomiques. — Inosite.
Aniline. — Toluidines. — Diphénylamine; triphénylamine; méthylaniline. — Acide sulfanilique. — Phénylènediamines.
Alcool benzylique. — Aldéhyde benzoïque; essence d'amandes amères. — Acide benzoïque; acides chlorobenzoïques. — Chlorure de benzoyle. — Anhydride benzoïque; peroxyde de benzoyle. — Saccharine. — Benzylamine. — Benzamide; benzonitrile.
Acides toluiques. — Acides phtaliques.

Acides oxybenzoïques. — Acide salicylique et salicylates; salicine; saligénine; hydrure de salicyle; salol. — Acide protocatéchique; coniférine; alcool coniférylique; eugénol; vanilline. — Acide gallique; tannin.

Alcool anisique: essence d'anis.

Cinnamène. — Alcool cinnamique; acide cinnamique; essence de cannelle.

Naphtaline. — Naphtols. — Naphtylamine.

Anthracène. — Anthraquinone. — Oxyanthraquinones; synthèse de l'alizarine et de la purpurine.

Essence de térébenthine. — Chlorhydrates de térébenthène. — Bornéol; camphre; acide camphique. — Acide camphorique. — Acide campholique. — Celluloïd.

Huiles essentielles. — Résines; gommes-résines; baumes; vernis.

Caoutchouc; gutta-percha. — Vulcanisation du caoutchouc.

Composés azoïques. — Azobenzol; diazobenzol; azoamidobenzol; hydrazobenzol; phénylhydrazine; azonaphtaline.

Matières colorantes dérivées de la houille. — Phtaléines. — Groupe du triphénylméthane. — Couleurs azoïques.

Thiophène: furfurol. — Pyrrol; indol; isatine; indigotine. — Indigo; synthèse de l'indigotine.

Série pyridique: pyridine; picolines; lutidines; collidines.

Série quinoléique: quinoléine; lipidine.

Alcaloïdes: quinine; cinchonine; strychnine; brucine; morphine; narcotine; nicotine.

Ptomaïnes; leucomaïnes.

Matières albuminoïdes; albumine; fibrine; gluten; caséine; gélatine; hémoglobine. — Diastases.

Acide urique; allantoïne; alloxane. — Guanidine; créatine.

Épreuves pratiques. — Manipulations sur un ou plusieurs corps étudiés dans le cours; préparations et analyses.

IX. Certificat de Chimie appliquée.

La préparation au certificat de chimie appliquée comprend:

1° Éléments de chimie générale: trois cours par semaine. — Les étudiants déjà pourvus du certificat de chimie générale seront dispensés de suivre ces cours, et ne seront pas interrogés, à l'examen, sur la chimie générale;

2° Chimie industrielle : deux cours par semaine;

3° Chimie agricole : un cours par semaine;

4° Chimie analytique : deux conférences et interrogations par semaine;

5° Travaux pratiques : cinq séances par semaine.

En l'absence de crédits de manipulations suffisants pour subvenir aux dépenses notables qu'entraîne la partie pratique de ce programme, et en attendant la décision qu'il appartient à l'Administration de prendre à cet égard, la Faculté des sciences de Bordeaux ne peut actuellement réaliser cette préparation que par l'enseignement fourni par l'École de chimie appliquée, qui y a été créée en 1891 [1].

La durée normale de cet enseignement est de deux années, à la fin desquelles les élèves sortants sont en état de subir avec fruit, simultanément, les épreuves relatives aux deux certificats de chimie générale et de chimie appliquée. S'ils veulent acquérir le titre de licencié ès sciences, il leur suffira en général d'une année pour joindre à ces deux certificats celui de physique expérimentale.

La durée des études de l'École de chimie pourra être réduite à un an pour les candidats au certificat de chimie appliquée déjà pourvus du certificat de chimie générale. Les étudiants désireux de bénéficier de cette disposition pourraient ainsi parvenir à la licence en préparant, pendant une première année, les deux certificats de chimie générale et de physique expérimentale, dont les heures de cours et de travaux pratiques ont été disposées de manière à en permettre la préparation

---

[1] *Extrait des règlements de l'École de chimie :*

« Conditions d'admission. — Pour être admis comme élèves de l'École de chimie, les jeunes gens, pourvus du diplôme de bachelier, doivent se faire inscrire au secrétariat de la Faculté des sciences, et y verser la somme de 60 francs par mois, soit 540 francs pour chaque année scolaire, pour frais de manipulations. Cette somme sera payable d'avance, de la façon suivante :

» 120 fr. au 1er novembre;
» 180 fr. au 1er janvier;
» 240 fr. au 1er avril.

» Il ne sera pas fait de réductions sur cette somme aux élèves entrés en retard à l'École.

» Des exemptions, en nombre limité, pourront être accordées, sur l'avis des professeurs compétents, aux élèves qui présenteront des justifications suffisantes. Elles ne leur seront maintenues qu'autant qu'ils continueront à les mériter par leur travail et leur conduite. »

simultanée, et en consacrant une deuxième année au certificat de chimie appliquée, dont le programme est assez chargé pour occuper, à lui seul, toute une année d'études.

1º COURS DE M. VÈZES
Éléments de chimie générale.

Généralités.
   Analyse et synthèse.
   Lois numériques des combinaisons. Nombres proportionnels; poids moléculaires, poids atomiques. — Notation et hypothèse atomiques.
   Fonctions chimiques, nomenclature.

Étude particulière des principaux éléments et de leurs combinaisons.
   Hydrogène.
   Métaux : propriétés générales, action de l'air et de l'eau. Alliages.

Métalloïdes.
   Fluor, chlore, brome, iode.
   Oxygène, soufre; ozone.
   Azote, phosphore, arsenic, antimoine; air atmosphérique.
   Carbone, silicium.
   Bore.

Composés hydrogénés et métalliques des métalloïdes.
   Acides fluorhydrique, chlorhydrique, bromhydrique, iodhydrique, et leurs sels.
   Eau, eau oxygénée, oxydes; hydrogène sulfuré, sulfures.
   Ammoniaque; phosphures, arséniure, antimoniure d'hydrogène.
   Carbures d'hydrogène en général.
   Théorie de la valence.

Composés oxygénés des métalloïdes.
   Hypochlorites, chlorure de chaux, chlorates.
   Acides sulfureux, sulfurique et leurs sels; hyposulfites.
   Oxydes de l'azote; azotates, azotites.
   Acides du phosphore, de l'arsenic, de l'antimoine, et leurs sels.
   Oxyde de carbone; gaz carbonique, carbonates; sulfure de carbone.
   Silice; acide borique.

Métaux.
   Généralités sur les sels. — Éléments de mécanique chimique; thermochimie.
   Potassium, sodium, lithium; principaux composés. — Sels ammoniacaux.

Principaux composés du calcium, du strontium, du baryum.
Magnésium, zinc, cadmium; principaux composés.
Aluminium, alumine, aluns; argile.
Chrome, manganèse, fer, cobalt, nickel; principaux composés.
Bismuth; principaux composés.
Étain, plomb; principaux composés.
Cuivre, mercure; principaux composés.
Argent, or, platine; principaux composés.

Chimie organique : série grasse.
Fonctions chimiques. — Homologie, isomérie.
Carbures saturés : méthane. — Carbures non saturés : éthylène, acétylène. — Pétroles, gaz de l'éclairage.
Dérivés chlorés : chlorure de méthyle, chloroforme.
Alcools : alcool méthylique, alcool éthylique. — Alcools multiples : glycol, glycérine, mannite.
Éthers-oxydes : oxyde d'éthyle. — Éthers-sels.
Aldéhydes, acétone.
Acides gras : acides formique, acétique. — Acides polybasiques : acide oxalique. — Acides alcools : acides lactique, malique, tartrique, citrique.
Amines : méthylamines.
Amides : acétamide, oxamide.
Série cyanique : cyanures, cyanures complexes; nitriles, acide cyanhydrique, cyanogène.
Série carbonique : urée, acide cyanique, uréides.
Matières sucrées : aldoses, cétoses, saccharides, polysaccharides.

Série aromatique.
Benzine. — Carbures benzéniques : toluène.
Chlorures benzéniques.
Phénols. — Phénols multiples.
Alcools, aldéhydes aromatiques.
Acides aromatiques, acides phénols.
Corps nitrés : nitrobenzine.
Amines : aniline. — Composés azoïques.
Série du triphénylméthane : phtaléines, rosanilines.
Anthracène, alizarine.
Naphtaline, naphtols.
Terpènes; térébenthine, camphre.
Furfurol, indigotine; pyridine, alcaloïdes.

2º COURS DE M. AUGER.

Chimie Industrielle.

L'air et l'eau.

L'air. — Ses altérations par les gaz d'usines.
Air confiné. — Air d'ateliers, d'usines, de mines.
Désinfectants.

L'eau. — Eaux potables et non potables. Filtration. Hydrotimétrie. Eaux résiduelles d'industrie, eaux vannes; leur emploi et leur purification.

Métallurgie.

Généralités sur les minerais et les opérations métallurgiques.
Combustibles. Fours.
Fer. Fabrication de la fonte, du fer doux, des aciers divers. Chrome. Manganèse.
Cuivre. Traitement des minerais. Cuivre électrolytique. Alliages.
Zinc. Extraction par distillation. Procédé électrolytique. Cadmies. Alliages.
Plomb. Extraction. Plomb argentifère. Pattinsonage.
Argent. Traitements par voie humide, par électrolyse. Raffinage. Coupellation des plombs d'œuvre. Alliages.
Or. Diverses méthodes d'extraction. Alliages. Dorure.
Platine. Iridium. Traitement de la mine de platine.
Étain. Extraction. Alliages. Étamage.
Bismuth. Antimoine.
Cobalt. Nickel.
Mercure.
Aluminium. Magnésium.
Sodium.
Revue d'ensemble de l'électrométallurgie, notions d'analyse électrochimique.

Industrie de l'acide sulfurique, soude, chlore et produits qui s'y rattachent.

Soufre. Extraction, raffinage. Sulfure de carbone.
Acide sulfureux. Sulfites. Hyposulfites.
Acide sulfurique. Anhydride sulfurique et acide fumant. Résidus des fours à pyrites.
Nitrate de soude. Salpêtre. Acide azotique.
Chlorure de sodium. Sulfate de soude. Acide chlorhydrique.
Soude. Carbonate et soude caustique. Peroxyde de sodium.

Potasse. Sels de Stassfurth; leur traitement.
Chlore. Chlorure de chaux. Chlorates. Brome. Iode.
Chlore et soude électrolytiques.
Ammoniaque; ses sels.

Produits inorganiques divers.

Oxygène. — Ozone. Eau oxygénée.
Phosphore. — Phosphore rouge. Allumettes.
   Phosphates. Engrais phosphatés.
Arsenic. — Acides arsénieux et arsénique. Arséniates.
Carbone. — Graphite. Charbon des cornues. Diamant.
   Oxyde de carbone. Acide carbonique liquide.
   Industrie des cyanures et ferrocyanures.
Bore. — Acide borique. Borax.
Aluminium. — Sulfate d'alumine. Aluns. Acétate. Outremer.
Magnésium. — Oxyde. Carbonate. Sels.
Mercure. — Oxyde. Sels. Cinabre.
Nickel. — Cobalt. Principaux sels. Bleu de cobalt.
Bismuth. Antimoine. — Oxydes. Sels. Sulfures.
Étain. — Chlorures. Acide stannique. Stannates.
Plomb. — Oxydes. Céruse. Chromates. Sulfate. Chlorure.
Zinc. — Cadmium. Oxyde. Sels. Sulfure de cadmium.
Cuivre. — Sulfate. Couleurs cupriques.
Manganèse. — Permanganate de potassium. Bistre. Bioxyde.
Chrome. — Chromates. Couleurs au chrôme. Sels chromeux.
Fer. — Oxydes. Sulfate. Mordants de fer.
Calcium. — Strontium. Baryum. Principaux sels.

Verres. Poteries. Plâtre. Chaux. Mortiers. Ciments.

Verre. — Composition. Fours à fusion. Verre soufflé, coulé, moulé.
   Cristal. Strass. Verre soluble.
   Décoration, taille et gravure du verre.
Poteries. — Division des argiles et poteries. Porcelaine.
   Faïence. Grès. Décoration.
   Briques. Tuiles. Creusets. Matériaux réfractaires.
Plâtre. — Cuisson. Durcissement.
Calcaires. Chaux. — Fours à chaux. Chaux hydraulique.
Mortiers. Ciments. — Mortiers aériens et hydrauliques.
   Division des ciments. Théorie de la prise des ciments et mortiers.

Combustibles, Gaz de l'éclairage.

Bois. — Charbon de bois.
Houille. — Tourbe. Lignite. Anthracite. Coke.
Pétroles. — Rectification.
Gaz. — Gaz de générateur. Gaz à l'eau. Gaz de houille.
  Notions sur l'analyse des combustibles et des produits de la combustion.

Produits organiques divers.

Goudron de bois. — Alcool méthylique. Acétone. Acide acétique.
  Créosote. Gaïacol.
Goudron de houille. — Benzène. Toluène. Huiles lourdes.
  Phénol. Naphtalène. Anthracène. Brai.
Éthers et acides gras. — Suifs. Graisses. Beurre. Huiles. Cires.
  Acide stéarique. Bougies.
  Savons. Savons de résine. Acide oléique.
  Glycérine.
  Acides tartrique et citrique. Acide oxalique.
Hydrates de carbone. — Cellulose. Papier.
  Matières amylacées. Amidon. Fécule.
  Glucose. Maltose.
  Sucre.
Produits de fermentation.
  Alcool. Liqueurs alcooliques.
  Vinaigre. Éther acétique.
  Éther. Chloroforme. Iodoforme.
Principaux produits pharmaceutiques.
Parfums naturels et artificiels.
Textiles. — Coton. Lin. Chanvre. Laine. Soie. Soie artificielle.
  Blanchiment.

Matières colorantes et teinture.

Produits intermédiaires. — Nitrobenzène. Benzaldéhyde.
  Acide benzoïque. Acides gallique et pyrogallique.
  Acide phtalique.
  Aniline et dérivés. Naphthylamines.
  Phénols et naphtols. Sulfodérivés. Résorcine.
Matières colorantes artificielles. — Dérivés nitrés et nitrosés.
  Groupe des azoïques.
  Groupe du triphénylméthane.
  Safranines. Indulines. Divers.

Groupe de l'anthracène.
Matières colorantes naturelles. — Indigo. Bois de teinture. Orseille.
Teinture et impression. — Généralités. Mordants. Réserves.
Principales applications des couleurs décrites plus haut.

Divers.

Tannage des peaux. — Mégisserie. Chamoiserie.
Colle et gélatine. — Travail des os.
Huiles essentielles. — Résines. Caoutchouc. Gutta-percha.
Substances alimentaires. — Lait. Beurre. Fromage.
Farine. Pain. Viande.
Notions d'analyse des substances alimentaires.

3° COURS DE M. GAYON

Chimie agricole.

PREMIÈRE PARTIE. — **Développement des végétaux.**

Conditions générales du développement des plantes.
Origine des matières organiques et des matières minérales. — Étude de l'atmosphère et du sol.
Rôle de l'azote atmosphérique dans la nutrition des plantes; — sa fixation par les légumineuses.
Étude physique et chimique de la terre végétale; ses propriétés absorbantes; — nitrification et dénitrification.
Amendements et engrais.
Du fumier de ferme; matières de vidanges; eaux d'égouts et boues des villes.
Engrais verts; sidération. — Tourteaux et résidus divers.
Engrais azotés; azote organique, ammoniacal, nitrique.
Engrais phosphatés; phosphates naturels, scories de déphosphoration; superphosphates; leur rétrogradation.
Engrais potassiques et magnésiens.
Dosage des éléments fertilisants dans les divers engrais.
Culture du blé; influence des engrais.
Culture des fourrages; influence des engrais; théorie des silos.
Culture de la vigne; ses maladies : phylloxera, mildiou, black-rot, etc.
Culture du tabac.

DEUXIÈME PARTIE. — **Produits agricoles.**

Constitution du grain de blé; farines, panification.
Composition, altération et falsification du lait.

— 54 —

Recherche de la margarine dans le beurre.
Fabrication et maturation des fromages.
Étude spéciale du raisin et du vin.
Maturation du raisin; composition du moût.
Fermentation alcoolique; — rôle des levures.
Conservation du vin en fûts; justification des pratiques de l'ouillage, du soutirage, du collage et du méchage.
Causes du vieillissement en fûts et en bouteilles.
Des maladies du vin; leurs causes et leurs effets.
Pasteurisation : théorie et appareils industriels.
Effets de l'électrisation et de la filtration.
Analyse du vin.

4° CONFÉRENCES ET INTERROGATIONS DE M. DUBOURG.

Chimie analytique.

Analyse des sels et des matières minérales quelconques. — Reconnaissance et dosage des éléments.
Analyse spectrale.
Analyse des gaz et des principaux mélanges gazeux usuels (air, gaz d'éclairage, gaz de hauts fourneaux, gaz des chambres de plomb).
Chlorométrie, sulfhydrométrie.
Acidimétrie, alcalimétrie.
Dosages par oxydation et réduction.
Analyse des alliages et métaux usuels; essais d'or et d'argent.
Analyse des soudes, des savons.
Analyse des silicates, des verres.
Analyse des chaux, mortiers, ciments.
Analyse immédiate des matières organiques : distillation fractionnée.
Analyse élémentaire des combinaisons organiques : dosage du carbone, de l'hydrogène, de l'azote.
Analyse du vin, de la bière et des alcools.
Analyse du vinaigre.
Analyse du lait.
Analyse des farines et du pain.
Analyse des grains, des fourrages, des racines et des tubercules, au point de vue industriel et alimentaire.
Analyse des eaux potables, des eaux pluviales, des eaux d'irrigation, de drainage et d'égout.
Analyse des cendres végétales.
Analyse physique et chimique d'une terre.

Analyse des engrais azotés, phosphatés, potassiques et magnésiens.
Essais des beurres, des suifs, des huiles et des cires.
Essais des sucres et des chocolats.
Essais des cafés, des thés, des poivres et des indigos.
Essais des matières tannantes.
Essais des pétroles.
Dosage de l'urée dans les urines.
Dosage de la nicotine dans les tabacs, et de la quinine dans les quinquinas.

5° TRAVAUX PRATIQUES

Préparation à l'état pur des corps étudiés dans les cours de chimie générale, de chimie industrielle et de chimie agricole.
Analyses qualitatives et quantitatives figurant au programme de chimie analytique.

X. Certificat de Zoologie.

Les élèves du certificat de zoologie ont tout intérêt à connaître les matières enseignées dans le cours de zoologie préparatoire au certificat d'études physiques, chimiques et naturelles.

1° COURS DE M. PÉREZ

Anatomie et physiologie comparées.

Cellule et protozoaire. — Multiplication par division. — Différenciation des diverses parties de la cellule. — Infusoire cilié.
Associations de cellules. — Métazoaires. — Différenciation des cellules. — Tissus.
Mésozoaires.
Associations de Métazoaires. — Colonies animales. — Divers degrés de différenciation des individus associés. — Siphonophores.
Notion de l'individualité.
Question de l'espèce.

Fonctions de nutrition.

Nutrition par endosmose. — Opalines. — Parasites divers.
Vacuoles digestives des Protozoaires.

Appareil gastrovasculaire des Cœlentérés.
Anatomie comparée de l'appareil digestif des animaux supérieurs.
Appareil buccal des Articulés. — Théorie de Savigny.
Morphologie, structure et développement des dents des Vertébrés.

Circulation des liquides dans le corps des animaux. — Sang et lymphe.
Vacuole contractile des Protozoaires.
Appareils vasculaire, lymphatique et aquifère.
Anatomie comparée et développement de l'appareil circulatoire des Vertébrés.

Échanges gazeux entre l'animal et le milieu ambiant.
Branchies, poumons, trachées.
Vessie natatoire des Poissons. — Sacs aériens des Oiseaux.
Adaptations variées des animaux aquatiques à la vie aérienne et inversement.

Absorption et exhalation. — Sécrétions et excrétions.
Glandes digestives.
Appareil rénal. — Ses diverses manières d'être dans la série animale. — Son évolution chez les Vertébrés.

Fonctions de reproduction.

Génération sexuée, asexuée.
Scissiparité. — Gemmiparité. — Oviparité.
Monogenèse, digenèse. — Génération dite alternante.
Conjugaison et rajeunissement des Protozoaires.
Œuf et spermatozoïde. — Parthénogenèse.
Constitution, développement et maturation de l'œuf.
Spermatogenèse.
Fécondation. — Hérédité. — Hybridation.
Segmentation. — Gastrulation. — Feuillets blastodermiques. — Mésoderme. — Cœlome.
Principaux phénomènes ultérieurs du développement étudiés plus particulièrement chez les Vertébrés.
Formes embryonnaires et formes larvaires. — Métamorphose. — Histolyse. — Perfectionnement et régression. — Effets du parasitisme.
Signification des faits tératologiques.
Parallélisme des séries embryogénique, zoologique, paléontologique.

Anatomie comparée de l'appareil reproducteur des Métazoaires.

Fonctions de relation.

L'élément contractile dans la série animale. — Sarcode, cils vibratiles, cellule et fibre musculaires.
Histologie et développement des muscles des animaux supérieurs.
Rapports des muscles et des nerfs.
Étude physiologique des muscles. — Secousse élémentaire. — Tétanos expérimental. — Théorie de la contraction.

Parties solides dans le corps des êtres inférieurs. — Armure siliceuse ou calcaire des Protozoaires, des Spongiaires, des Cœlentérés, des Échinodermes. — Coquille des Mollusques, etc. — Endosquelette des Céphalopodes.
Dermatosquelette des Arthropodes. — Composition et structure générale. — Appendices. — Diversité de leurs adaptations.
Squelette vertébré. — Structure et développement des os. — Anatomie comparée et évolution embryonnaire du squelette. — Principales données de la paléontologie.
Analogies et homologies. — Méthode des analogues de Geoffroy Saint-Hilaire. (Principe des connexions, balancement organique, restitution des organes rudimentaires.) — Unité de composition et unité de plan. — Examen de ces vues dans l'esprit de la théorie de l'évolution.

Système nerveux.

Appareil nerveux rudimentaire des Cœlentérés.
Morphologie générale de cet appareil dans les groupes zoologiques plus élevés. — Son développement chez les Vertébrés.
Éléments nerveux. — Structure et rapports réciproques.
Sensibilité et motilité.
Fonctions de la moelle et des diverses parties de l'encéphale des animaux vertébrés.
Du grand sympathique. — Stomato-gastrique des Invertébrés.
Organes des sens. — Structure et fonctions chez les principaux types. — Développement chez les Vertébrés.

2° COURS DE M. KUNSTLER

PROGRAMME POUR LES SESSIONS DE JUILLET ET NOVEMBRE 1897.

Règnes minéral, végétal, animal.
Caractères distinctifs des animaux et des plantes.

Protoplasma; sa structure; sa physiologie générale.
Résumé de morphologie générale. (Théorie cellulaire, théorie coloniale, théorie de la descendance.)
Tissus, organes et appareils.
Division cellulaire.
Reproduction.
Sperme et spermatogenèse.
Œuf et ovogenèse.
Progenèse; castration parasitaire.
Parthénogenèse.
Noyau vitellin; métanucléole.
Globules polaires.
Fécondation.

Développement de l'œuf; divers modes de segmentation.
Cytula (Cytæa).
Morula (Moræa, cœnobium).
Blastula (Blastæa).
Depula (Depæa).
Gastrula (Gastræa).
Cœlomula (Cœlomæa), (Entérocéliens et Schizocéliens).
Chordula (Chordæa).
Spondula ou Vertebrella.
Formes cœnogénétiques.
Organes embryonnaires et ménosome.
Allantoïde (placenta), amnios et sérolemme.

Appareil digestif.
Développement (stomodæum et proctodæum).
Bouche (morphologie); muscles masticateurs, etc.
Dents; développements ontogénique et phylogénique.
Langue (morphologie).
Glandes salivaires.
Structure de la paroi du tube digestif (partie ectodermique; partie endodermique).
Pharynx; voile du palais; amygdales.
Appareil hyoïdien.
Corps thyroïde.
Thymus.
Estomac (Ruminants).
Mésentère.
Intestin grêle et gros intestin.

Pancréas.
Foie.

Sang; théorie de la phagocytose.
Appareil circulatoire; développement.
Cœur; artères; capillaires; veines.
Rate.
Circulation lymphatique; vaisseaux et ganglions lymphatiques.
Origine de la lymphe.

Appareil respiratoire; développement; fentes branchiales.
Larynx.
Poumons; développement.
Plèvre.
Diaphragme.

Peau; poils et leurs dérivés.
Glandes cutanées; mamelles (morphologie et anomalies).
Muscles; structure et développement.
Squelette; notocorde.
Articulations.
Appareil nerveux.
Appareil uro-génital; développement (épisomites et hyposomites).
Appareil urinaire; *pronéphros, mésonéphros, métanéphros.*
Rein, vessie urinaire.
Gonades; développement.
Appareil mâle; organes copulateurs.
Testicules; scrotum; épididyme et canal déférent.
Glandes accessoires; produits odorants commerciaux.
Appareil femelle.
Ovaires; oviductes; utérus; vagin et vulve.

Mammifères :
   Carnivores (principes de morphologie générale déduits de leur organisation).
   Marsupiaux.
   Monotrèmes ou ornithodelphes (origine phylogénique).

Mollusques :
   Amphineures.
   Gastéropodes.
   Scaphopodes.
   Lamellibranches.
   Céphalopodes.

Protozoaires :
  Rhizopodes.
  Sporozoaires.
  Flagellés.
  Ciliés.

Notions plus générales sur les groupes suivants :
  Spongiaires.
  Cœlentérés.
  Échinodermes.
  Vers.
  Arthropodes.
  Tuniciers.
  Oiseaux.
  Reptiles.
  Batraciens.
  Poissons.

XI. Certificat de Botanique.

Les élèves du certificat de botanique ont tout intérêt à connaître les matières enseignées dans le cours de botanique préparatoire au certificat d'études physiques, chimiques et naturelles.

PROGRAMME

I. Morphologie de la cellule.

La cellule en général. — Sa constitution essentielle et ses principales modifications suivant ses adaptations particulières.
Corps figurés et substances dissoutes qu'elle contient le plus souvent.
Formation et développement de la cellule.

II. Morphologie des tissus.

Les tissus en général. — Leur formation : méristèmes, union, fusion, séparation des cellules; méats et lacunes.
Les principaux tissus : parenchymes et prosenchymes. — Tissu sécréteur.
Les systèmes de tissus : tégumentaire, conjonctif, fasciculaire, intercellulaire.

III. Morphologie des végétaux.

Deux formes de végétation :
Le thallophyte : forme, développement, structure.
Le cormophyte : membres constitutifs des cormophytes; métamorphoses ou adaptations.
Racine : forme, structure, développement, ramification, métamorphoses.
Tige : forme, structure, développement, ramification, production de racines sur la tige, métamorphoses.
Feuille : forme, disposition sur la tige, structure, développement, ramification, métamorphoses.

IV. Physiologie cellulaire et physiologie générale.

Conditions de la vie; constitution physique et chimique de l'être et du milieu.
Phénomènes dont les êtres vivants sont le siège.
Les actions moléculaires : capillarité, imbibition, diffusion, turgescence.

V. Physiologie de la nutrition.

Partie physique. — Échanges gazeux.
Absorption de l'eau, circulation, transpiration.
Absorption des substances fixes, leur circulation.
Partie chimique. — Les aliments : leur composition élémentaire déterminée par l'analyse des cendres et par la synthèse d'un milieu de culture.
Forme chimique et physique des aliments.
Parasitisme.
Assimilation chlorophyllienne.
Assimilation de l'azote et des autres éléments.
Substances plastiques ternaires, transformation, mise en réserve, emploi.
Substances plastiques quaternaires, formation, mise en réserve, métamorphoses.
Respiration; son rôle dans les transformations des substances; dégagement de chaleur, de lumière.
Fermentations, excrétions.

VI. Physiologie de l'accroissement.

Accroissement. — Sa marche générale. — Périodicité, inégalités d'accroissement et mouvements qui en résultent.
Influence des conditions externes (chaleur, lumière, pesanteur, humidité, contact, etc.).
Influence des conditions internes : les tensions dans la plante, dans la cellule. — Théorie de l'accroissement.

VII. Physiologie de l'irritabilité.

Phénomènes généraux. — Irritabilité et mouvements du protoplasma.
Phénomènes spéciaux : organes et mécanisme des mouvements complexes d'irritabilité (sensitive, etc.).

VIII. Physiologie de la reproduction.

Reproduction non sexuée. — Ses lois.
Reproduction sexuée (appareils divers et leur fonctionnement). — Ses lois. — Hybridation, métissage.
Apogamie. — Parthénogenèse.

IX. Physiologie de l'individu ou biologie.

Développement de l'individu végétal (germination, jeunesse, âge adulte [feuillaison, défeuillaison, floraison, épanouissement, fécondation, maturation, dissémination], longévité, causes de mort).
Influence sur l'individu végétal du milieu ambiant (sol, eau, chaleur, lumière, humidité, latitude, altitude, etc.; aperçu de géographie botanique). — Adaptation que ses variations entraînent.

X. Physiologie de l'espèce.

Hérédité.
Variation.
Formation des variétés sous l'influence de l'homme. — Sélection artificielle.
Formation des variétés et espèces à l'état sauvage. — Lutte pour l'existence. — Sélection naturelle.
Signification des termes : variétés, espèce, genre, famille, etc.
Classification. — Phylogénie.
Tableau résumé de l'évolution du règne végétal depuis son origine jusqu'à l'époque actuelle.

XI. Classification.

Notions sur le développement et les affinités des principales familles, savoir :

I. *Thallophytes.*
Myxomycètes.
Diatomées.
Schizophytes (Cyanophycées, Schizomycètes).
Algues. — Chlorophycées (Siphonées, Volvocinées, Confervacées, Conjuguées, Characées), Phéophycées (Laminariées, Fucacées), Floridées.
Champignons. — Ustilaginées. — Phycomycètes (Mucorinées, Péronosporées, Saprolégniées). — Ascomycètes (Pyrénomycètes, Discomycètes, etc.). — Urédinées. — Basidiomycètes.
Lichens.

II. *Muscinées.*
Hépatiques.
Mousses.

III. *Cryptogames vasculaires.*
Filicinées. — Fougères. — Rhizocarpées, Ophioglossées et Marattiacées. — Filicinées fossiles.
Equisétinées. — Equisétinées fossiles.
Lycopodinées. — Lycopodiées. — Psilotacées. — Isoétées. — Sélaginellées. — Lycopodinées fossiles.

IV. *Phanérogames.*
Gymnospermes. — Cycadées. — Conifères. — Gnétacées. — Gymnospermes fossiles.
Angiospermes.
Monocotylédones. — Familles européennes les plus importantes.
Dicotylédones. — Familles européennes les plus importantes.

L'enseignement de M. Millardet correspond aux chapitres I, VIII, IX, X et XI du programme précédent. L'enseignement de M. Devaux correspond aux chapitres II, III, IV, V, VI et VII.

XII. Certificat de Géologie.

COURS DE M. FALLOT.

Introduction à l'étude de la géologie.

Historique. — Notions sur l'histoire de la géologie.

Morphologie terrestre. — Globe terrestre. — Notions astronomiques élémentaires. — Mesures géodésiques. — Densité.
Répartition des continents et des océans. — Relief. — Éléments d'océanographie.

Conditions physiques du globe. — Chaleur. — Magnétisme.

Conditions physiologiques. — La vie sur les continents et dans les mers.

Géologie dynamique.

Étude des actions produites à l'époque actuelle sur le globe (phénomènes actuels).

I. *Dynamique externe.*
  1º Actions mécaniques, physiques, chimiques. — Action de l'atmosphère (air et vents). — Érosions et transport de matériaux. — Dunes.
  Action de l'eau.
    A. Eaux marines. — Érosions. — Dépôts. — Conditions de la sédimentation.
    B. Eaux courantes (eaux de pluie, torrents, rivières et fleuves, lacs). — Érosions et dépôts.
    C. Eaux souterraines. — Nappes souterraines. — Sources. — Rivières souterraines. — Grottes, etc.
  Action de la glace. — Neiges et glaces. — Glaciers. — Phénomènes de transport.
  2º Actions physiologiques :
  Action des animaux. — Dépôts formés par ces animaux. — Formations coralliennes.
  Action des végétaux. — Dépôts d'origine végétale. — Tourbières, etc.

II. *Dynamique interne.*
  Chaleur interne. — Sources thermales.
  Phénomènes volcaniques et geysériens.
  Phénomènes de dislocation. — Tremblements de terre. — Mouvements lents (déplacement des lignes de rivage, etc.).

Géologie chronologique ou stratigraphie.

Généralités.

Comparaison des phénomènes actuels avec les faits que révèle l'étude des formations qui constituent la partie solide du globe terrestre.

Notions sur la composition de l'écorce terrestre.

Trois ordres de formations : cristallophylliennes, sédimentaires et éruptives (voir le programme de pétrographie, annexe A). — Leur disposition relative. — Leur mode de formation. — Leur action les unes sur les autres (métamorphisme).

Caractères des formations stratifiées : particularités de la stratification (concordance, discordance, transgressivité, etc.; plis, fractures, failles, etc.).

Importance des caractères paléontologiques. — Utilité de l'étude des fossiles (voir le programme de paléontologie, annexe B).

Loi de Brongniart sur la contemporanéité des faunes semblables. — Ses applications. — Critique de cette loi. — Question des faciès.

Classification et nomenclature : groupes ou séries. — Terrains ou systèmes. — Étages, etc., etc.

Description des terrains [1].

Terrain primitif. — Sa composition dans une région typique (Alpes, par exemple).

Ses variations en France, en Europe et en Amérique.

Hypothèses sur son mode de formation.

Métamorphisme.

Éruptions granitiques.

Terrains primaires ou paléozoïques. — Difficulté de reconnaître et de classer les premières formations sédimentaires.

1° *Terrain précambrien.* — Principaux types de ce terrain, surtout en France et en Angleterre. — Apparition de la vie.

2° *Terrain silurien.* — Ses trois divisions. — Question du Cambrien. — Principaux caractères du terrain silurien, surtout en Bohême, en Angleterre et en France. — Aperçu plus sommaire sur les autres régions, notamment sur la Scandinavie, la Russie et l'Amérique.

Faune.

3° *Terrain dévonien.* — Sa division en étages. — Faciès marin.

---

[1] On insistera sur les phénomènes de transgression, sur les oscillations relatives à chaque période et sur les modifications des faciès et des faunes.

France (Ardennes surtout), Provinces rhénanes, Angleterre, etc. — Facies littoral ou lagunaire. Vieux grès rouge. — Facies mixte. Russie, Amérique.

Faune et flore.

Formations éruptives des trois périodes, précambrienne, silurienne et dévonienne.

4° *Terrain carbonifère.* — Type occidental. Calcaire carbonifère et terrain houiller.

Principaux bassins.

Type oriental. Russie. — Inde. — Région du Pacifique.

Principales phases de la flore carbonifère.

Mode de formation de la houille.

5° *Terrain pénéen ou permien.* — Type classique. Allemagne centrale. Modifications du type dans les régions occidentales (France, etc.). — Type oriental (Russie, Asie, Pacifique).

Faune et flore permiennes (phases).

Caractères des éruptions carbonifères et permiennes. — Roches porphyriques.

Terrains secondaires ou mésozoïques.

1° *Trias ou terrain triasique.* — Type occidental ou littoral. Ses trois divisions : France, Angleterre, Allemagne. — Type alpin ou pélagique (Alpes autrichiennes, région méditerranéenne). — Trias dans la région arctico-pacifique et dans l'Inde ; trias de l'Amérique. Faune et flore.

2° *Terrain jurassique.* — Ses principales divisions.

Jurassique inférieur. — Infra-Lias et Lias. — Sous-étages et assises. — Type occidental ; type alpin.

Jurassique moyen. — Bajocien et Bathonien. — Leurs principales divisions, leurs principaux facies.

Jurassique supérieur. — Grande transgression de l'époque callovienne. — Division en étages.

Leurs caractères :

    A. Dans l'Europe septentrionale et occidentale, surtout dans le bassin anglo-parisien et dans le Jura. — Facies pélagiques et facies coralligènes.

    B. Dans l'Europe méditerranéenne. — Question du Tithonique.

    C. Dans l'Europe orientale (Russie, etc.). — Question du Volgien.

Notions sur la période jurassique dans les régions extra-européennes.

Répartition probable des terres et des mers.

Caractères des faunes et des flores.

3° *Terrain crétacé.* — Ses principales divisions.

A. Crétacé inférieur. — Ses principales divisions dans le Sud de la France et, par extension, dans l'Europe méditerranéenne (Néocomien, Aptien, Albien ou Gault). — Faciès coralligène et littoral (Urgonien).
Faciès de l'Europe occidentale et septentrionale (Wealdien, etc.).
Crétacé inférieur de la Russie.
Notions sur la période crétacée inférieure dans les régions extra-européennes.
Caractères des faunes et des flores.

B. Crétacé supérieur. — Ses divisions. — Grande transgression de l'époque cénomanienne. — Transgressions sénoniennes.
Faciès pélagiques de l'Europe septentrionale.
Faciès littoraux à Rudistes (bassin de l'Aquitaine, Pyrénées, régions méditerranéennes, etc.). — Flysch crétacé.
Notions sur le Crétacé supérieur dans les régions extra-européennes.
Caractères des faunes et des flores.

Terrains tertiaires ou cénozoïques.

1° *Terrain éocène.* — Ses principales divisions dans le bassin de Paris, en Belgique, en Angleterre, dans l'Aquitaine.
Faciès nummulitique. Flysch (région méditerranéenne et alpine).
Notions sur l'Éocène dans les régions extra-européennes.
Faune et flore.

2° *Terrain oligocène.* — Transgression tongrienne. — Divisions du terrain dans le bassin anglo-parisien, le bassin de Mayence, le bassin de l'Aquitaine, l'Auvergne, etc. — Débuts de la période éruptive dans cette dernière région.
Oligocène des régions méditerranéenne et extra-européenne. — Question du Néogène.
Faune et flore.

3° *Terrain miocène.* — Ses principales divisions en France (Aquitaine en particulier) et dans l'Europe méditerranéenne (bassin du Rhône, bassin de Vienne, Italie, etc.).
Faluns et molasses.
Faune et flore.

4° *Terrain pliocène.* — Ses principales divisions. — Répartition des dépôts marins (Angleterre, Belgique, France, Italie) et des dépôts d'eau douce (Europe orientale et méditerranéenne surtout).
Notions sur l'histoire de la mer Méditerranée.

Phases éruptives de l'Auvergne.
Faune et flore.

Terrain quaternaire ou pleistocène. — Phénomènes diluviaux, glaciaires et éruptifs. — Apparition de l'homme. — Époque paléolithique et ses principales divisions. — Faune et flore.
Oscillations du sol, plages soulevées, etc.

Tectonique. Orogénie.

Dislocations de l'écorce terrestre.
Aperçu sommaire sur les principales chaînes de montagnes actuelles (Plateau Central, Vosges, Pyrénées, Alpes, Jura, Carpathes, etc.).
Théories orogéniques. — Théorie des soulèvements; système d'Élie de Beaumont. — Théories modernes : travaux de MM. Suess, Bertrand, etc.
Mode de formation et constitution des anciennes chaînes de montagnes (chaînes huronienne, calédonienne, hercynienne, alpines, etc.).
Principales régions naturelles.

ANNEXE A

Pétrographie.

Éléments principaux des roches. — Éléments des roches éruptives et cristallophylliennes.
  A. *Éléments essentiels :* Quartz. — Feldspaths et feldspathoïdes. — Micas. — Bisilicates (Amphibole, Pyroxène, Enstatite). — Péridot.
  B. *Éléments accessoires :* Tourmaline, Grenat, Zircon, etc.; éléments ferrugineux.
  C. *Éléments secondaires :* Calcédoine, Opale, Chlorite, Serpentine, Zéolites, etc.
  Éléments des roches sédimentaires.
  Notions sur l'examen microscopique des roches.

Roches éruptives. — Structure. — Texture.
  Classification et nomenclature. — Notation pétrographique.

Série ancienne :
  A. *Roches à structure granitoïde.* — Granite, Granulite, Protogine,

Pegmatite, Granite à Amphibole, Syénite, Diorite, Diabase, Norite, Gabbro, Péridotite. — Ophites.

B. *Roches à structure porphyroïde.* — Porphyres quartzifères (Microgranites, Microgranulites, Pyroméride, Porphyroïdes, Porphyres pétrosiliceux).
Orthophyres. — Porphyrites. — Variolite. — Mélaphyres.

C. *Roches vitreuses.* — Rétinite.

Série récente :

A. *Roches à structure granitoïde.* — Liparite, Dolérite, Euphotide.

B. *Roches à structure trachytoïde.* — Rhyolite, Trachyte, Phonolite, Andésite, Basalte, Labradorite, Téphrite, Leucitophyre et Leucotéphrite, Limburgite (Laves diverses).

C. *Roches vitreuses.* — Obsidienne, etc.

Roches cristallophylliennes :

Gneiss. — Micaschistes. — Leptynite. — Amphiboloschistes et Amphibolites. — Chloritoschistes. — Schistes à séricite. — Serpentine. — Éclogite. — Pétrosilex. — Cipolins.

Roches sédimentaires :

Roches siliceuses : Sables, Grès, etc.
Roches argileuses : Argiles et Schistes.
Roches calcaires : Calcaires, Dolomies, Phosphates.
Roches salines : Gypse, Sel gemme.
Roches combustibles : Anthracite, Houille, Lignite, Tourbe, Résines fossiles, Huiles minérales.

ANNEXE B

Paléontologie.

Définition du mot *fossile*. — Divers modes de fossilisation.
Notions sur les principales familles, les principaux genres et les espèces les plus caractéristiques des groupes suivants :

Foraminifères : Étude spéciale des Nummulinidae.
Cœlentérés : Coralliaires et Hydrozoaires surtout.
Échinodermes : Crinoïdes en général, étude spéciale des Échinides.

Mollusques.
    Brachiopodes.
    Pélécypodes; principales familles et particulièrement les Ostreidæ, les Chamidæ, les Rudistes.
    Gastéropodes : principales familles.
    Céphalopodes ; étude spéciale des Ammonœidæ, des Belemnitidæ, etc.
Crustacés : Trilobites et Mérostomes.
Vertébrés. — Notions générales seulement : étude des formes les plus remarquables, surtout des Reptiles et des Mammifères.

Documents manquants (pages, cahiers...)
NF Z 43-120-13

www.ingramcontent.com/pod-product-compliance
Lightning Source LLC
LaVergne TN
LVHW020954090426
835512LV00009B/1900